MÉTHODE

Élémentaire

DE MUSIQUE,

précédée d'un

nouveau Mode d'Enseignement,

et suivie de Notions *pratiques sur*

L'ACCORD DU PIANO,

PAR

Duchemin-Boisjoussc,

Professeur.

Prix : 24 fr.

Nota. Cet ouvrage contient l'indication des moyens à employer pour former en très peu de temps les organes à l'intelligence des sons et des caractères mesurés. Il présente tous les développemens nécessaires pour conduire à ce résultat les élèves que leurs études musicales n'auraient pu y faire parvenir, ou que, par une cause quelconque, se trouveraient dans l'impossibilité de se livrer aux exercices du chant. Des Conseils adressés spécialement aux personnes abandonnées à elles-mêmes, et douées d'une aptitude convenable, les mettront en état de tirer de ces explications un parti fort avantageux.

PARIS, chez L'AUTEUR, Rue Racine N.° 2 près l'Odéon.

1845

EXPOSÉ DE LA MÉTHODE.

Présenté en séance publique à la société des Méthodes et à l'Athénée Royal.

M. M.

Avant de vous exposer les moyens que je crois les plus convenables pour arriver promptement à la connaissance exacte des élémens de l'art musical et à leur application, permettez-moi de vous soumettre les observations suivantes.

Tous les sons, depuis le plus grave, jusqu'au plus aigu, ne sont que la reproduction des douze demi-tons contenus dans la gamme chromatique, mise à la portée des voix. Ces douze demi-tons forment donc la base d'un des principaux points de notre enseignement, c'est-à-dire des intervalles et de leur intonation. Il suit de là que les intervalles, et les sons qu'ils représentent, ne peuvent être appréciés que par le nombre des demi-tons qu'ils contiennent. Maintenant, M.M, que ces sons soient émis par la voix, ou par tout autre instrument, n'est-ce pas l'oreille qui est exclusivement chargée de vérifier si elle entend exactement les sons représentés par la notation, et s'ils lui sont transmis dans les rapports d'une justesse convenable? Ainsi donc, exercer les organes à distinguer une certaine quantité de demi-tons; les exercer pareillement à reconnaitre les moyens à l'aide desquels ils sont transmis aux yeux, tel est, M.M. le véritable but de l'enseignement musical, considéré dans ses élémens. Puisque ces exercices sont les seuls qui puissent conduire aux résultats, d'une manière directe et tout-à-fait rationelle, je ne saurais donc protester avec trop d'énergie contre cet abus généralement adopté de se servir de la voix pour former l'oreille, quand c'est au contraire l'oreille qui doit guider la voix. C'est surtout dans l'enseignement collectif que cet usage entraine des conséquences vraiment déplorables: non seulement il fatigue les élèves par des exercices dont ils abusent, en forçant un organe qui dans l'enfance, a besoin au contraire de beaucoup de ménagemens; mais encore il devient tout à fait nuisible à ceux qui ont la voix juste, et complêtement inutile à ceux qui l'ont fausse. Quelquefois ces derniers ont bien de la peine à se corriger de ce défaut, même à l'aide d'une direction toute particulière et de soins assidus et persévérans. Quant aux premiers, en supposant même la justesse dans le rapport des sons, ces exercices ne sont réellement profitables qu'aux plus forts, puisque les autres ne font que les suivre machinalement.

En donnant à l'enseignement élémentaire la direction suivante tous ces inconvéniens disparaissent. Les élèves, quelque soit leur nombre leur âge et leur organisation, seront exercés collectivement à différencier les sons, et à reconnaître les moyens à l'aide desquels on les transmet aux yeux. Les élèves qui ont la voix juste prendront part aux exercices du chant dans une étendue très restreinte, et sous la direction d'un instrument: les autres devront s'en abstenir strictement, mais ils seront admis à rendre compte de la différence des sons. Quant à ceux qui n'obtiendraient pas ce résultat, ils seraient dispensés de prendre une participation quelconque à l'enseignement: leur admission deviendrait tout aussi nuisible sous le rapport de la justesse des sons, que sous celui de l'exactitude de la mesure, qu'ils seraient incapables d'apprécier exactement.

(Voir l'instruction, page 9 et 10, N.º 17)

Persuadé depuis plusieurs années que les progrès dans l'enseignement dépendent en général de la direction imprimée aux facultés intellectuelles, je me suis spécialement attaché à présenter les moyens que j'ai reconnu les plus convenables pour arriver promptement au but indiqué. Ainsi, M.M. seconder l'intelligence et la mémoire en ne présentant que des explications et des exercices usités dans la pratique; réduire à quelques points, résumant clairement et en peu de mots les règles de la théorie, qui ne peut être apprise fructueusement que par la mise en œuvre des exemples venant à l'appui de ces explications; analiser les sons, établir entre eux des rapports continuels de comparaison, afin de faire ressortir les différences qui les caractérisent; employer les mêmes moyens dans la notation musicale qui représentent les sons, et pour les silences qui les remplacent dans la mesure, telles sont, M.M. les considérations qui m'ont constament guidé. De cet exposé résultent en général le plan et la distribution de cet ouvrage. Il se divise en deux parties principales. La première a pour but d'exercer les élèves à distinguer les sons et la manière dont ils sont représentés; et la seconde, de les exercer à la lecture des caractères soumis à la mesure, abstraction faite du chant. J'ai adopté cette division, 1.º parcequ'elle m'a paru la plus rationelle et la plus favorable à l'intelligence des élèves, puisqu'elle est la seule qui m'ait permis de classer toutes les difficultés dans un ordre tellement méthodique qu'elles ont été constament maintenues dans des rapports intimes de comparaison, et combattues séparément et alternativement, depuis les combinaisons les plus simples, jusqu'aux valeurs les plus compliquées, 2.º Parcequ'elle prépare favorablement les élèves à l'étude des méthodes vocales et instrumentales, par la pratique des intervalles et de leur intonation, et par l'emploi des deux clefs usitées pour le piano, dont l'étendue est souvent représentée par les exemples du traité de lecture 3.º Enfin, parcequ'elle est la seule qui puisse, sans inconvéniens, faire participer aux bienfaits et aux avantages immenses de l'enseignement collectif tous les élèves, quelque soient du reste leur age, leur organisation et leur aptitude, sauf quelques exceptions qui ne se rencontrent que très rarement. (Voir la lettre adressée à M.M. les professeurs et la préface, page 2, 3 et 4)

Ces considérations et surtout le besoin pressant de soulager la mémoire et l'intelligence de l'élève, m'ont encore déterminé:

1.º à renoncer à l'usage généralement adopté de placer le nom des notes sous la note même, puisqu'il résulte de la pratique des exercices préparatoires sur les intervalles, que les élèves parviendront à les connaitre à toutes les clefs en même temps, plus promptement qu'ils ne les apprendraient à une seule clef, en suivant les moyens ordinaires. (Voir l'instruction, page 6, N.º 5.)

2.º à indiquer un moyen pour se rappeler promptement de la quantité des dièzes et des bémols nécessaires à la formation de l'une ou de l'autre des vingt huit gammes majeures et mineures, dont l'enchainement et les rapports auront été analisés et démontrés. (Voir l'instruction page 8, N.º 10)

3.º à présenter une classification servant à différencier les intervalles. à l'aide de cette classification, les élèves pourront acquérir en très peu de temps les notions les plus positives sur cette matière, l'une des plus importantes et des plus difficiles de l'art musical. (Voir la page 8 de l'instruction et ensuite les pages 38 et 56.)

4.º à indiquer aux élèves le moyen de se rappeler facilement de la quantité des demi-tons contenus dans un intervalle simple. (Voir l'instruction page 13, N.º 56.)

5.º à différencier le ton du mode, et à subordonner la connaissance du ton principal d'un morceau, aux accidens placés à la clef, et à la distinction du mode. (Voir les pages 63, 72,73 et 13, N.º 74, de l'instruction)

6.º à donner des notions précises sur l'enchainement des tons et des modes, et sur les cinq tons relatifs d'un ton principal. (Voir les pages 74, 75 et 76)

7.º à présenter une ponctuation musicale ayant pour but d'habituer l'élève à phraser correctement. (Voir les pages 77, 78 et 13, de l'instruction, N.º 77.)

8.º à indiquer les moyens de reconnaître promptement le ton enharmonique d'un ton donné, et la quantité d'accidens qu'il réclame. (Voir la page 14, N.º 78 de l'instruction.)

9.º à mentionner que la valeur du groupe varie selon la place qu'il occupe, soit avant, soit après la note dont il abrège la durée. (Voir la page 167.)

10.º à présenter des notions précises et méthodiques sur les signes d'abréviations. (Voir les pages 173 et 174)

11.º Pour obtenir plus promptement l'appréciation des sons et la connaissance des intervalles, j'ai disposé les exemples de ce traité de manière à ce que les élèves ayent la faculté de rendre compte de chaque exercice, sans être obligé d'en interrompre le cours. (Voir le dernier paragraphe du N.º 17 de l'instruction, page 10)

C'est encore par le même motif qu'à la fin de chaque numéro, les élèves doivent être exercés à reconnaître la nature des intervalles, sur deux sons frappés d'abord successivement, et ensuite simultanément. Ces exercices varient nécessairement en raison des exemples parcourus et des notions acquises: Ils ont pour but de mettre l'élève en état de désigner le nom des notes et les signes d'altération, représentant l'intervalle dont ils auront reconnu les sons, et de les préparer ainsi à la notation ou à la dictée musicale qu'ils remplacent avantageusement. Ce moyen puissant est indiqué fréquemment, et doit être employé jusqu'à ce que les élèves soient parvenus à distinguer les sons dans l'étendue de cinq ou six octaves, et dans tous les sens, en prenant successivement chacune des notes de la gamme chromatique pour point de départ. (Voir l'instruction, page 10, N.º 23, et page 13, N.º 58.)

Enfin, M.M. toutes les explications nécessaires pour comprendre cet ouvrage et en faire l'application ayant été développées dans un article spécial, sous le titre d'instruction ou mode d'enseignement, il ne me restait plus qu'à indiquer aux élèves la marche à suivre pour leurs études ultérieures, et à signaler les écueils que leur inexpérience ne saurait prévoir.

Dans le cours ordinaire de l'enseignement musical, quand un élève a chanté pendant trois ou quatre années quelques pages de solféges, il se croit un chanteur habile; et si par hasard, il lui est démontré que ces ouvrages ne sont que la mise en œuvre de notions élémentaires qu'il ne connait qu'imparfaitement (souvent même pas du tout); et qu'il ne sait rien autre chose que lire la musique en mesure, et prendre les intonations à l'aide d'une pratique qui lui coute souvent plus cher qu'il ne pense, il se trouve quelquefois tellement fatigué par les exercices abusifs auxquels il s'est livré, qu'il est forcé de renoncer à l'usage du chant. Pour prévenir ces inconvéniens, les élèves auront donc à s'abstenir strictement de la pratique anticipée des romances et autres morceaux de ce genre, fort amusant il est vrai, mais qui n'apprend absolument rien. Ils liront les solféges, plutôt qu'ils ne les chanteront, et réserveront l'usage de leur voix pour cultiver exclusivement les vocalises ou méthodes de chant, seules capables de la former, et de la diriger convenablement sous tous les rapports. (Voir les pages 84, 177, 178, 179, etc.)

Tels sont, M.M. les moyens que j'ai reconnu depuis longtemps les plus propres à imprimer aux facultés intellectuelles une direction favorable aux études musicales. Ce n'est donc qu'après en avoir obtenu à différentes reprises les résultats les plus prompts et les plus positifs, que je me suis décidé à publier cette méthode, et que je viens aujourd'hui la soumettre à votre examen. Veuillez croire, M.M, que je regarderai votre approbation comme la récompense la plus belle et la plus honorable que je puisse espérer d'un ouvrage qui est le fruit de quinze années d'études, et de méditations sur l'enseignement élémentaire.

A M. M. Les Professeurs
et Amateurs de Musique,

M. M.

En publiant une méthode élémentaire de musique, que j'ai professée pendant plusieurs années, il est de mon devoir de vous soumettre les motifs qui m'ont dirigé dans la rédaction de cet ouvrage.

Persuadé que les progrès dans l'enseignement ne sont dûs qu'à l'entendement; que les moyens les plus prompts d'instruire consistent à s'adresser aux facultés intellectuelles, j'ai pensé que la musique devait être étudiée comme science, avant d'être pratiquée comme art. Cette science exacte est d'autant plus facile que ses élémens sont susceptibles d'être démontrés matériellement, puisqu'ils sont essentiellement perçus par les sens.

Cette partie scientifique, traitée particulièrement dans les solfèges, y a cependant été sacrifiée aux agrémens de l'art. Ces ouvrages ne font que glisser sur les principes, pour arriver de suite à des mélodies, qui ne sont que la mise en oeuvre de notions élémentaires qui n'y ont point été analisées ni démontrées convenablement. Ce qui prouve qu'ils se sont plutôt proposé de distraire les élèves que de les instruire, puisque les intervalles dont la connaissance a été regardée de tous temps par les auteurs les plus recommandables, (¹) comme une des bases les plus essentielles aux connaissances musicales, n'y ont point été classés méthodiquement; et que les moyens tendant à les faire reconnaître et apprécier promptement n'y sont nullement mentionnés. Il suit de là que les élèves sont condamnés à subir le joug humiliant d'une routine, qui dégrade l'entendement en le réduisant à l'instinct. Ce mode d'enseignement est d'autant plus défectueux qu'en se livrant aux exercices du chant, pour former l'intelligence musicale, c'est dénaturer l'usage d'un organe essentiellement déstiné à exprimer les impressions reçues par les sens: et, ce qui est pis encore, c'est le fatiguer, mal-à-propos, par la pratique anticipée de notions qu'il est chargé de transmettre, avant qu'elles n'ayent été comprises par l'entendement, dont il n'est pourtant que l'interprète; c'est abuser d'un instrument le plus précieux et le plus fragile de tous, avant

---

(1) Voyez la Méthode concertante de Mᴿ Choron; la revue musicale, rédigée par Mᴿ Fétis; etc.

d'avoir indiqué les moyens d'en faire usage: d'où il résulte que les deux tiers des personnes qui s'adonnent à ces exercices, sont forcés de renoncer au chant, avant même d'en posséder tous les élémens; car ils ne peuvent être transmis que par les méthodes de chant.

Pour arriver plus promptement au but indiqué, j'ai reconnu la nécessité de diviser mon sujet en deux parties distinctes. Dans celle qui a rapport aux intervalles, et à leurs intonations, il fallait maintenir les sons dans des rapports qui n'ont pu être observés par les solfèges, où les idées mélodiques, précieuses par l'agrément qu'elles présentent, deviennent très nuisibles aux progrès des élèves, puisqu'elles prescrivent aux intervalles une marche plus ou moins variée, qui s'oppose à ce que les sons soient maintenus assez longtemps dans un ordre qui permette à l'entendement de conserver le souvenir des différences qui les caractérisent. La variété de cette disposition contribue encore à rendre infructueuses les observations du professeur, qui prend la peine de suppléer à l'insuffisance de ces ouvrages.

En ce qui concerne la lecture, elle sera soumise à la mesure, abstraction faite du chant. Les exemples sont écrits sur trois portées, réunies par l'accolade: ils ont été présentés dans une étendue de quatre à cinq octaves, afin de préparer les élèves à la pratique de divers instrumens.

Les valeurs y sont maintenues dans des relations telles, que ces exemples forment autant de tableaux, où elles se trouvent analisées réciproquement, et développées depuis les combinaisons les plus faciles, jusqu'aux plus grandes difficultés.

Tels sont, M M, les développemens et les considérations que j'ai cru devoir présenter dans cet ouvrage, persuadé que vous ne tarderez pas à en reconnaître l'utilité, puis qu'il a pour but de faciliter la pratique des méthodes vocales et instrumentales, *et de rendre accessibles à toutes les intelligences les élémens dont ces divers traités sont destinés à faire l'application.*

Veuillez, **M M**, recevoir l'assurance
de ma considération distinguée.

DUCHEMIN - BOISJOUSSE.

Extrait de la FRANCE MUSICALE
(N.º du 5 Mai 1844.)

ENSEIGNEMENT MUSICAL.

M. Duchemin-Boisjousse a exposé, le 26 avril, à *l'Athénée-Royal* sa nouvelle méthode élémentaire de musique, en présence d'un nombreux auditoire.

Après avoir adressé aux élèves par lui présentés quelques questions sur la théorie musicale en général, il a fait entendre des sons sur le violon et sur le piano, afin qu'ils eussent à reconnaître les intervalles, abstraction faite de la notation, et quelle que fût l'étendue où l'aspect sous lequel ils étaient émis. Il a ensuite joué plusieurs motifs sur lesquels les élèves ont nommé les notes à mesure qu'ils entendaient les sons. Le nom de la première note leur avait nécessairement été donné. Quant aux exercices sur le piano, le point de départ a toujours été mis à la disposition de MM. les membres de l'Athénée, qui ont été priés de le choisir parmi l'une ou l'autre des notes de la gamme chromatique. Ces exercices d'un genre tout-à-fait nouveau ont donné une preuve évidente des connaissances positives acquises par les élèves dans l'espace de cinq mois au plus. M. Duchemin, à différentes reprises, a demandé que l'on voulût bien avec la voix ou tout autre instrument renouveler les épreuves auxquelles il avait soumis ses élèves. Nous devons leur rendre cette justice, qu'ils ont presque toujours répondu avec beaucoup d'exactitude et de précision. Des personnes de l'assemblée ont proposé quelques phrases musicales qui ont été chantées à première vue d'une manière exacte et satisfaisante.

Ces résultats semblent montrer que cette méthode, qui consiste à former l'oreille sans le concours de la voix, est propre à faciliter et à hâter les progrès dans l'étude de la musique. Nous pouvons ajouter qu'elle offre des avantages incontestables aux personnes qui, par une cause quelconque, se trouvent dans l'impossibilité de se livrer aux exercices du chant. En effet un des élèves avait la voix sensiblement fausse, comme le professeur en a prévenu l'auditoire, et néanmoins il a reconnu tout les sons avec une grande facilité, résultat auquel il serait peut-être parvenu très difficilement par les méthodes ordinaires.

Extrait du journal des DÉBATS
(N°. du 30 octobre 1844.)

Compte rendu de L'ACADÉMIE DES SCIENCES.

M. Despretz fait hommage à l'Académie d'un nouveau Traité élémentaire de musique par M. Duchemin-Boisjousse. Cet ouvrage, dit-il, divisé en deux parties distinctes, un Traité des intervalles et un Traité de lecture musicale, est fondé sur une méthode nouvelle. On sait que, dans la méthode généralement suivie, on forme l'oreille par la pratique du chant, c'est-a-dire par le solfège.

M. Duchemin consacre toute la première partie de son enseignement à l'éducation de l'oreille, sans le concours de la voix; de telle sorte que les personnes qui ont la voix fausse, ou qui par une circonstance quelconque ne peuvent se livrer à l'exercice du chant, ne sont pas privées de la faculté d'étudier les principes généraux de la musique et d'apprécier par elles-mêmes toutes les ressources de cet art. Ce mode d'enseignement paraît logique, car la voix ne fait qu'obéir à l'oreille; c'est donc de ce dernier organe qu'il faut d'abord faire l'éducation.

Cette étude préliminaire est fondamentale, soit qu'on veuille se livrer à l'instrumentation, soit qu'on veuille pratiquer le chant. Passant ensuite à l'étude du solfége, on retombe alors dans la méthode ordinaire, avec cette différence qu'on marche beaucoup plus rapidement; les changemens de clef, les transpositions, n'offrent plus de difficulté. Déjà plusieurs grands artistes de Paris ont éprouvé les avantages de la méthode de M. Duchemin.

Extrait du COURRIER FRANÇAIS
(idem. N°. du 30 octobre 1844.)

M. Despretz présente à l'Académie une *Nouvelle méthode élémentaire de musique*, par M. Duchemin-Boisjousse. Ce qui caractérise cet ouvrage, c'est une marche tout à fait opposée à celle qu'on suit généralement. Dans la méthode habituelle, on forme l'éducation de l'oreille par un long exercice du chant. M. Duchemin, au contraire, exerce l'oreille sans le concours de la voix. En sorte qu'une personne ayant la voix fausse, ou qui par une circonstance quelconque ne peut se livrer à l'exercice du chant, peut très bien apprendre les principes généraux de la musique et acquérir une connaissance certaine de tous les intervalles musicaux.

Ce n'est qu'à cette époque que M. Duchemin entreprend l'étude du chant, pour lequel son ouvrage renferme un grand nombre d'exercices gradués. Après celte étude préliminaire et fondamentale, ses élèves sont en état de chanter tous les solféges.

« Cette méthode, dit M. Despretz, nous paraît parfaitement logique ; car avant d'émettre avec la voix des sons qui représentent un intervalle musical, il faut en avoir le sentiment bien nettement gravé dans l'oreille. Pourquoi tant de chanteurs se trouvent-ils si souvent déroutés par un changement de ton, par une légère variation dans le diapazon: C'est qu'ils ne sont pas assez exercés sur les intonations musicales, indépendantes de toute clé. »

L'école que M. Duchemin vient fonder à Paris promet d'être d'un grand secours pour le Conservatoire et pour nos théâtres lyriques.

Extrait du NATIONAL
(idem. N.º du 30 octobre 1844.)

M. Despretz présente une nouvelle méthode élémentaire de musique de M. Duchemin-Boisjousse. Dans la méthode généralement suivie, dit l'auteur, on forme l'éducation de l'oreille par l'exercice du chant. Cette méthode est longue et pénible pour toutes les personnes, très peu fructueuse pour celles qui ont la voix fausse (comme cela se rencontre si souvent), impossible pour les personnes qui, par une circonstance quelconque, ne peuvent se livrer à l'exercice du chant.

Puisque c'est l'oreille qui doit guider la voix dans l'émission des sons, car la voix ne fait qu'obéir à l'oreille, et il est impossible de faire entendre un intervalle musical, sans en avoir le sentiment net dans l'oreille, c'est donc par l'éducation de cet organe qu'on doit commencer l'étude de la musique.

M. Duchemin a rendu un véritable service à l'art, en renversant le mode adopté, et en fondant à Paris, une école élémentaire, où il doit faire l'application de sa méthode, qu'il a d'ailleurs enseignée dans le midi de la France.

Quand on s'est occupé pendant un temps suffisant de l'éducation de l'oreille, on peut commencer avec fruit l'étude des solfèges. Les changemens de clés, les transpositions ne sont plus le tourment des élèves; car ils ont acquis une connaissance sûre des intervalles indépendamment de leur position sur la portée. Si l'école musicale de M. Duchemin prospère comme tous les amis des arts doivent le désirer, elle sera un puissant auxiliaire du Conservatoire et des théâtres lyriques.

PRÉFACE.

Malgré tous les soins apportés à la rédaction de cet *ouvrage*, qui peut être considéré comme une introduction indispensable à l'étude des *Solfèges et méthodes de musique,* malgré tous les efforts que nous avons faits pour en développer la substance et la rendre intelligible, il existe néanmoins une foule de détails, qui n'ont pu y être exprimés, et qui constituent une des parties les plus essentielles de l'enseignement Musical. Tous ces détails ne sont point mentionnés dans la première édition de notre théorie, qui fut imprimée dans le courant du mois de novembre 1840; mais désirant ne rien négliger pour compléter celle-ci, ils seront développés sous le titre spécial d'*Instruction ou Mode d'Enseignement.*

Il suffit de réfléchir un instant sur la nature des ouvrages élémentaires, pour acquérir la conviction que leur plan d'études est défectueux. Dès les premières leçons, ils conduisent à l'application de notions qui ne peuvent être acquises qu'imparfaitement, par le motif qu'elles sont présentées sous un aspect qui s'oppose à ce que les élèves puissent, même à l'aide d'une pratique fort longue, arriver à les posséder convenablement. En effet, une Mélodie n'est elle pas une succession de sons, exprimant des idées Mélodiques? L'intonation des intervalles, qui n'est autre chose que le résultat du rapport des sons entr'eux, est donc à la musique, ce que le sens des mots est aux pensées interprétées par une langue: or, n'est-on pas obligé d'apprendre leur signification, avant d'en faire une application convenable aux idées que l'on desire exprimer? Avant de rendre une composition musicale, il devient donc nécessaire de savoir reconnaître et apprécier le sens des notes; puisqu'il est à la musique, ce que le sens des mots est à l'étude des langues.

Ce qui prouve que le genre d'instruction généralement adopté est vicieux, c'est que l'intelligence des sons résiste à un travail de plusieurs années, même chez les sujets les mieux organisés, et qu'il en est d'autres chez lesquels elle ne se développe jamais; tandis que, par le secours d'un nombre suffisant d'exercices, disposés de telle sorte que les sons soient maintenus dans des relations intimes, précises et progressives, *offrant surtout des rapports continuels de comparaison,* il suffit de quelques mois pour obtenir le développement de cette faculté.

Provisoirement, connaissant mieux que qui que ce soit les résultats que l'on peut obtenir de notre mode d'enseignement, nous pouvons garantir, principalement en ce qui concerne *l'intonation,* que six mois d'une pratique régulière peuvent conduire à un but plus précis et plus positif que celui que l'on obtiendrait par l'emploi des moyens ordinaires, pendant trois ou quatre années, avec le même degré d'aptitude et d'intelligence.

En voici les motifs:

Sans avoir exercé les organes d'un élève sur la nature des sons; sans lui avoir démontré clairement les rapports établis entr'eux et la manière dont on les transmet aux yeux; avant qu'il puisse distinguer la quantité des tons et demi-tons qui les caractérisent; avant de lui avoir expliqué l'enchainement et le mécanisme des valeurs, il se trouve en face d'un solfège. Ensuite, à l'aide d'un instrument, vous voulez qu'il se rende compte, en même **temps,** de la valeur des notes, de la décomposition de la mesure et de **la** nature des sons. Mais, en agissant ainsi vous faites de votre élève un être nul et, pour ainsi dire, une machine incapable d'agir par elle-même; et comme l'oiseau bien appris, il ne fait que répéter les sons dont ses oreilles ont été rebattues: dès que l'instrument se tait, tous les chants sont finis. A qui la faute? Elle n'est certes pas à l'élève, car son rôle est tout-a-fait passif; et loin de pouvoir deviner ce qu'il ne connait pas, il doit s'estimer trop heureux, lorsqu'il apprend et conçoit ce qui lui est expliqué: elle n'est pas non plus au professeur, qui ne fait qu'exécuter textuellement le contenu des solféges; elle vient des ouvrages mêmes, insuffisants, non sous le rapport des élémens, puisqu'ils y sont tous contenus, mais par la manière dont ils sont présentés et développés.

L'enseignement généralement suivi est donc vicieux, puisqu'il rend les élèves esclaves d'une routine qui s'oppose à ce qu'ils fassent des progrès rapides; et que les mélodies ou leçons chantantes des solféges ne sont que la mise en œuvre des notions élémentaires qu'il faudrait connaître, avant d'en faire l'application.

Les considérations que nous venons d'exposer, quelque importantes qu'elles soient, ne sont cependant pas les seules qui nous ayent guidé dans cet ouvrage.

Sur la quantité des élèves qui se présentent pour apprendre la musique, la moitié, tout au plus se trouvent dans les conditions voulues pour chanter les solféges (et encore faut-il qu'ils en usent avec une certaine réserve); (¹) les autres sont forcés d'y renoncer, parcequ'ils ont la voix trop fausse, ou la poitrine trop délicate pour continuer les exercices du chant. Les élèves placés dans ces circonstances défavorables, étaient donc, la plupart du temps, livrés à l'exercice d'un instrument, avant même d'avoir acquis les moindres notions de la valeur des notes, dans la mesure. Que devait-il résulter de cet enseignement? C'est que l'élève, ayant encore à lutter contre un grand nombre de difficultés, ne pouvait faire que des progrès extrêmement lents, qui le dégoutaient, très souvent, de la pratique d'un art pour lequel il ne se croyait aucunes dispositions; tandis qu'il aurait pu y obtenir quelques succès, s'il avait été dirigé méthodiquement.

(¹) N'est-il pas reconnu, depuis long-temps que la rareté des belles voix provient souvent de ce que, dans les premières années d'études, on a forcé ou brisé l'organe des élèves, par le retour fréquent de sons trop aigus. Il a paru, depuis quelques années, deux ouvrages qui ont pour but d'obvier à ces inconméniens: sous ce rapport, ils ont rendu à l'art un service important. Nous nous empressons de les utiliser, sitôt que les élèves sont arrivés à pouvoir les comprendre et profiter des avantages qu'ils présentent.

Afin d'éviter la présence, toujours dangereuse, de deux obstacles à vaincre à la fois, nous avons adopté une distribution qui nous a permis de nous débarasser des entraves de l'intonation et des dispositions ou de l'enchaînement des idées mélodiques, pour arriver, par des rapports continuels de comparaison, aux difficultés des exercices de lecture, que nous avons présentés dans l'étendue, la plus favorable à l'étude de divers instrumens. Nous avons cru devoir insister longuement sur chaque combinaison, née de la valeur des notes dans la mesure, afin de donner à l'élève le temps de les comprendre, même à l'aide de la plus légère attention.

Cet ouvrage nous a donc été suggéré par le desir sincère d'être utile à l'enseignement élémentaire, en remédiant aux inconvéniens déjà signalés; et en offrant aux élèves studieux et doués d'un bel organe, une méthode dont ils puissent pratiquer les exercices, à chaque instant du jour, sans qu'ils ayent à redouter la fatigue, dont ils ne sauraient jamais prévoir, que trop tard, les funestes résultats.

Nous nous sommes attaché, principalement, à développer tous les moyens que nous avons reconnu les plus convenables, pour arriver très promptement à l'application la plus rigoureuse des principes de l'art, et pour la rendre accessible à tous les élèves, quelle que soit leur organisation, leur intelligence et leur aptitude; persuadé que *celui qui est en état d'apprécier la nature des sons, a toujours des chances de succès, plus ou moins favorables.*

En nous traçant une route nouvelle, loin de reculer devant aucune difficulté, nous nous sommes livré à toutes les épreuves possibles, pendant plusieurs années; et redoublant de soins, d'énergie, de persévérance et d'efforts, en raison de la résistance et de l'opiniâtreté des obstacles, nous avons acquis la conviction la plus intime, que *les résultats obtenus dans tout enseignement, sont toujours l'effet de la direction imprimée aux facultés intellectuelles, agissant sous l'heureuse influence d'une attention soutenue.*

Instruction

ou
Mode d'enseignement

destiné à la pratique

DU

TRAITÉ

des Intervalles.

OBSERVATIONS PRÉLIMINAIRES.

L'expérience nous a si fréquemment démontré combien les interruptions sont préjudiciables au cours de l'enseignement, que nous nous empressons de les signaler comme un des obstacles les plus nuisibles à l'avancement des élèves. Il est donc de la plus grande importance qu'une fois ces exercices commencés, ils soient continués jusqu'à la fin, sans aucune interruption ; dans le cas contraire, il faudra nécessairement revenir sur tous les articles qui auront été vus, afin de s'assurer qu'ils n'ont pas été oubliés.

Dès les premières leçons, il sera bon d'observer le degré d'aptitude et d'intelligence de chaque élève, afin d'indiquer aux parents le mode d'instruction que l'on croira devoir lui être le plus profitable: car si l'enseignement collectif offre de grands avantages, pour certains sujets, doués de beaucoup d'intelligence, *susceptibles surtout d'une attention soutenue* et stimulés par le désir réel d'apprendre; il en est d'autres qui ne marchent, au contraire, qu'à l'aide d'une surveillance continuelle et de soins particuliers, souvent insuffisants pour vaincre une organisation défectueuse ou une mauvaise volonté, préjudiciable même aux progrès des élèves avec lesquels ils sont réunis.

Ces dispositions tout-à-fait défavorables se rencontrent particulièrement chez les élèves qui ont déjà commencé à chanter les solfèges, et qui tiennent beaucoup plus à se distraire qu'à s'instruire réellement. C'est donc au professeur à étudier le caractère des élèves, afin de diriger convenablement leurs gouts et leurs dispositions. Il ne doit pas non plus négliger de stimuler de temps en temps leur amour-propre, en leur faisant entrevoir les agrémens et les avantages immenses qu'ils doivent retirer de leurs études élémentaires.

Toutes les fois qu'on réunira plus de trois élèves, pour participer à la même leçon, il deviendra nécessaire de faire usage d'un tableau, sur lequel seront reproduits tous les exercices jusqu'au N.º 17, afin de donner à chacun deux les moyens convenables de suivre, exactement, les démonstrations qui doivent en être faites. Avant de commencer ces explications, il sera fait lecture de l'article de la théorie qui a donné lieu à l'application de l'exercice présenté. (¹)

N.º 5. Dans le courant des premiers numéros, il ne sera observé aucune espèce de mesure, afin que l'attention de l'élève, débarrassée de toute entrave et secondée au besoin par un instant de réflexion, puisse se porter entièrement sur la connaissance de la note mise en rapport avec l'intervalle franchi; car le nom des notes se trouve clairement déduit de la relation qui existe entre l'ordre dans lequel elles ont été nommées, et l'ordre qu'elles occupent sur les divers degrés de

(¹) Voyez la théorie. page 17.

la portée. C'est cette analogie qui constitue un des principaux avantages du système actuel de notation musicale, et lui assure à juste titre une supériorité marquée sur tous les autres proposés jusqu'à ce jour, en ce qu'il offre un moyen infaillible pour reconnaître les intervalles, et vaincre les difficultés de leur intonation, insurmontables, peut-être, si cette analogie n'existait plus.

Nous avons rejeté l'usage admis dans tous les ouvrages élémentaires de placer le nom des notes au dessous de la note même, 1° parcequ'il ferait négliger l'application du principe ci-dessus, relatif aux exercices préparatoires sur les intervalles, dans leurs rapports avec l'ordre et le nom des notes; 2° parceque la facilité qu'il semble offrir, n'est qu'apparente, et ne ferait éviter les premières difficultés, que pour en préparer de plus grandes.

L'expérience prouvera que les élèves auront appris le nom des notes, sur toutes les clefs, et dans toute l'étendue de nos premiers exercices, plus promptement qu'ils ne seraient parvenus à le connaître, à une seule clef, en suivant les moyens ordinaires.

Jusqu'a ce que l'on soit arrivé au N°. 24, il sera fait une récapitulation des articles qui auront été vus chaque semaine. Les élèves seront questionnés séparément sur les matières qui en seront l'objet.

N°. 6. Les élèves apprendront par cœur l'ordre et le nom des notes de chaque série, ainsi qu'il suit: 1° UT, RÉ, MI, FA, SOL, LA, SI, UT: première note UT; seconde, RÉ; troisième, MI; quatrième, FA; cinquième, SOL; sixième, LA; septième, SI; et huitième, UT; ou octave.

En rétrogradant, UT, SI, LA, SOL, FA, MI, RÉ, UT: première note, UT; seconde SI; troisième, LA; quatrième, SOL; cinquième, FA; sixième, MI; septième, RÉ; et huitième, UT, ou octave.

2° UT, RÉ, seconde; UT, MI, tierce; UT, FA, quarte; UT, SOL, quinte; UT, LA, sixte; UT, SI, septième, UT, UT, octave.

En rétrogradant, UT, SI, seconde; UT, LA, tierce; UT, SOL, quarte; UT, FA, quinte; UT, MI, sixte; UT, RÉ; septième, UT, UT, octave.

Avant de passer à une autre série, il sera fait des questions qui auront pour but de s'assurer que les élèves possèdent convenablement l'ordre et le nom des notes dans l'emploi de ces deux exercices. Le tableau N° 5 sera ensuite revu, en supposant la présence de l'une ou de l'autre des deux clefs de sol et de la 4ᵐᵉ ligne, alternativement, et en se bornant à faire désigner le nom des notes, dans l'application des intervalles présentés. Il en sera de même à l'égard du N°. 4. (1)

N°. 9. Il faudra faire apprendre par cœur quelle est la quantité d'accidens nécessaires à la régularité de ces gammes. Leur formation donne lieu à une observation fort importante, et sur laquelle on ne saurait trop insister, c'est que l'enchaînement et les rapports qui les unissent et les amènent progressivement et alternativement, sont engendrés par les notes qui leur sont communes.

(1) Ces dernières observations sont pareillement applicables aux autres clefs sur lesquelles les élèves pourront être exercés.

N.º 10. Les accidens se placent en sens inverse, puisque les uns agissent sur la progression ascendante des notes, et les autres sur leur progression descendante; d'où il résulte que la présence des uns, s'oppose à l'emploi des autres.

En se rappelant qu'elles sont les gammes majeures formées par l'emploi des trois premiers dièzes ou des trois premiers bémols, il deviendra facile de reconnaître immédiatement le nombre d'accidens nécessaires pour chacune des autres gammes majeures. Il suffira de comparer spécialement celles dont la tonique porte le même nom, et d'ajouter à la quantité des accidens de la gamme connue, la quantité d'accidens contraires complétant le nombre sept, pour que la gamme correspondante à celle indiquée par les premiers signes, se trouve déterminée par le nombre des signes ajoutés: et comme il n'y a que sept notes, de même aussi la réunion de ces divers accidents n'excèdera jamais cette quantité.

Ainsi 1.º En SOL, un dièze (*fa*); en SOL bémol, six bémols, (*si, mi, la, ré, sol, ut*); total, sept accidents.

2.º En RÉ, deux dièzes (*fa, ut*); en RÉ bémol, cinq bémols, (*si, mi, la, ré, sol*); total, sept accidents.

3.º En LA, trois dièzes, (*fa, ut, sol*); en LA bémol, quatre bémols (*si, mi, la, ré*); total, sept accidents.

4.º En mi bémol, trois bémols, (*si, mi, la*); en MI, quatre dièzes (*fa, ut, sol, ré*); total sept accidents.

5.º En SI bémol, deux bémols (*si, mi*); en SI, cinq dièzes (*fa, ut, sol, ré, la*); total, sept accidents

6º En FA, un bémol, (*si*); en FA dièze, six dièzes, (*fa, ut, sol, ré, la, mi*); total, sept accidents.

Le ton d'UT dièze, exige sept dièzes (*fa, ut, sol, ré, la, mi, si*); et le ton d'UT bémol, sept bémols (*si, mi, la, ré, sol, ut, fa*); comparés alternativement au ton d'UT naturel, ils offrent encore le même résultat.

CLASSIFICATION DES INTERVALLES.

N.º 11. Les distinctions qui ont été faites jusqu'à ce jour sur la nature des intervalles, en général, consistent à faire connaître les différences qui existent entre les intervalles qui marchent par degrés conjoints ou diatoniques, et ceux qui procèdent par degrés disjoints.

Forcé, pour plus de clarté, de recourir à une nouvelle classification, dans cette matière si importante et si difficile, nous avons été d'autant plus porté à adopter celle que nous présentons, qu'elle réunit les conditions rigoureuses d'une définition exacte; et que sous ce rapport, elle offre un nouveau moyen de désigner spécialement la nature de chaque intervalle, en remontant au principe essentiel de la *tonalité*.

A partir de ce Numéro, la durée de chaque séance sera divisée en deux parties, dont l'une sera consacrée à l'examen des matières contenues dans ce traité; et l'autre aux exercices développés dans notre traité de lecture.

Ainsi, les Elèves apprendront, 1°. à reconnaître les intervalles disjoints, à l'aide des intervalles conjoints qui les amènent. Il leur sera recommandé de fixer, surtout, leur attention sur l'un et l'autre des deux demi-tons diatoniques, puisque c'est de leur emploi que résultent les différences qui servent à distinguer promptement si ces intervalles sont majeurs ou mineurs, inaltérés ou augmentés, inaltérés ou diminués. En effet, l'un ou l'autre de ces demi-tons, sera toujours contenu dans les limites d'une tierce mineure ou d'une quarte inaltérée; tandis qu'ils seront exclus de la tierce majeure et de la quarte augmentée. De même que la quinte diminuée, la sixte et la septième mineures contiendront toujours ces deux demi-tons; tandis que la quinte inaltérée, la sixte et la septième majeures n'en renfermeront jamais qu'un seul.

Il est d'autant plus important de faire connaître aux élèves les différences de ces divers intervalles, que ces premières notions doivent les guider plus tard dans l'application de ces mêmes intervalles, modifiés par l'emploi des signes d'altération.

Les mêmes exercices seront pratiqués sur les Numéros 12, 13, 14, 15 et 16.

2°. Les élèves prendront connaissance des explications contenues dans le Traité de lecture, jusqu'à l'emploi des croches seulement. S'ils n'étaient pas arrivés à s'en rendre compte suffisamment, lorsque les numéros ci-dessus mentionnés auront été appris, il sera bon de n'entreprendre le N°. 17, que lorsqu'ils connaîtront la valeur des notes; et qu'ils sauront en faire une application exacte aux différentes fractions de la mesure.

Lorsqu'ils seront parvenus à ce point, il serait à désirer qu'ils fussent mis à l'étude du Piano, afin de préparer leur organe à apprécier la différence des sons.

N°. 17. Il n'est pas donné à tous d'avoir de la voix; et parmi ceux qui en sont doués, les uns l'ont tellement fausse, qu'il est impossible d'en tirer parti; les autres ont une constitution trop faible pour supporter les exercices du chant, quelles que soient les précautions prises pour en diminuer la fatigue. Certes, nous ne prétendons pas obvier à tous ces désavantages, quoique par un travail bien dirigé, ils soient plus ou moins susceptibles de quelques modifications; néanmoins, toutes les fois qu'un élève se trouvera, pour quelque cause que ce soit, dans l'impossibilité de prendre part aux exercices du chant, nous le prions instamment de ne perdre aucun espoir: il faut au contraire qu'il s'arme de courage et de patience; qu'il *observe attentivement*, qu'il *compare sans cesse l'effet des sons qu'il entendra*, et nous pouvons lui assurer qu'il reconnaîtra la différence qui existe entre tous les intervalles, tout aussi bien, quelquefois même aussi promptement que ceux qui auront toujours chanté. C'est donc uniquement vers ce but que tous ses efforts doivent tendre, puisqu'il est rigoureusement indispensable qu'il soit atteint. Jusqu'ici les moyens que j'ai employés m'ont toujours réussi, même auprès de ceux qui avaient la voix très fausse; cependant, si l'élève ne pouvait même parvenir à distinguer les intonations, il devrait renoncer à la pratique de notre art; car il n'aurait pas plus d'aptitude pour un instru‑ment quelqu'il soit, que pour le chant: Le vice radical qui s'opposerait à l'intelligence des rapports établis entre les sons, le rendrait également inhabile à préciser toutes les valeurs de la mesure.

Il est expressément recommandé de prendre un mouvement lent pour tous les exercices, afin que les élèves aient le temps de comparer les sons, et puissent s'ha‑bituer à en reconnaître la nature, en même temps que la justesse. Il est indispensable que, pendant le cours des N.⁰ˢ 17, 18, 19, 20, 21 et 22, ils soient guidés par un ins‑trument à cordes; car la plupart du temps, les pianos sont entretenus avec une négli‑gence vraiment déplorable, et plutôt propre à vicier l'oreille que de la former à la juste appréciation des sons.

L'élève dont la voix manquera de justesse, devra prendre des leçons séparément.

Le professeur veillera, surtout, à ce que chaque son soit articulé franchement, sans altération dans la justesse, et sans saccade ni secousse, dans le passage d'une note à une autre: Les sons doivent au contraire être purs et soutenus. (1)

Deux motifs s'opposent à ce que les élèves forcent le timbre de leur voix. D'abord, ces efforts seraient tout-à-fait inutiles, pendant le cours de nos exercices, en même temps qu'ils deviendraient préjudiciables à leur organe; et en second lieu, s'ils domi‑naient le son qui doit les guider, ils se priveraient de tous les avantages résultant de la comparaison continuelle qu'ils doivent en faire: il faudra donc recommander aux élèves de ne jamais émettre d'autres sons, que ceux aux quels ils peuvent atteindre facilement.

Il convient de commencer chaque leçon par la gamme chromatique en Dièzes et en Bémols; et d'insister sur le N.⁰ 17, jusqu'à ce qu'il soit compris convenablement.

Partout où il y aura des Silences, les élèves devront employer leur durée à spécifier la nature de l'intervalle qui aura été franchi, tout en veillant à ce que la mesure n'en soit jamais altérée. Cette observation s'applique à tous les exemples contenus dans ce traité.

Les élèves qui auront entrepris seuls l'étude de nos exercices, prendront la première note de chaque mesure avec un instrument, chanteront la seconde sans aucun guide et vérifieront l'exactitude de leur intonation, en faisant entendre ces deux notes.

N.⁰ 21 et 22, jusqu'à ce que l'on soit arrivé au N.⁰ 30, ces exercices seront pratiqués tous les jours, et accompagnés de questions sur les intervalles directs, abstraction faite du nom des notes, afin de s'assurer si les élèves commencent à reconnaître les intona‑tions. A cet effet, le professeur leur fera entendre deux sons successivement, et ils an‑

---

(1) C'est surtout dans la pratique des premiers exercices du chant que l'on doit veiller à ce que les élè‑ves ne contractent aucune habitude défectueuse: combattus dès leur origine, les défauts sont la plupart du temps faciles à détruire; tandis qu'une fois enracinés, ils présentent presque toujours une résistan‑ce très opiniâtre.

ront à distinguer la nature de l'intervalle. S'ils se trompent, il émettra l'intervalle qu'ils auront nommé à tort, afin de les amener à reconnaître eux-mêmes leur erreur. L'on ne saurait trop insister sur l'emploi de ces moyens qui, en général, stimulent l'attention des élèves et contribuent puissamment à développer l'intelligence des sons. Cette épreuve sera d'abord faite sur les intervalles de seconde majeure et mineure: Sitôt qu'ils seront parvenus à les distinguer, ils auront franchi la plus grande difficulté. C'est par ce motif que, dans chacun des premiers exercices, l'on revient sans cesse à ces deux intervalles, parcequ'ils sont la base principale de l'intonation. Les sons qui procédent de l'aigu au grave sont, presque toujours les plus difficiles à saisir. Pour les apprécier avec exactitude, il faudra donc les reproduire dans l'ordre où ils auront été entendus, et retourner de suite à celui qui aura été émis le premier.

N.º 23. Les élèves devront chanter ces mélodies et les suivantes, sans le secours d'aucun instrument. Il sera indispensable de les exercer auparavant à prendre sur un son donné, les intervalles de secondes mineure et majeure, en montant et en descendant, alternativement. Si cet exercice leur présentait trop de difficultés, il faudrait revenir au N.º 17, et le leur faire pratiquer jusqu'à ce qu'ils soient parvenus à exprimer facilement ces intervalles.

Le solfége du conservatoire est le seul qui, dans sa marche progressive sur les intonations, ait reconnu la nécessité d'exercer les élèves sur l'emploi du ton et du demi-ton, avant de passer à la pratique des intervalles disjoints. L'étendue dans laquelle ces exercices sont écrits, et le prix de l'ouvrage m'ont déterminé à présenter des mélodies basées uniquement sur ces deux intervalles.

N.º 31. Ces exercices jusqu'au N.º 47, s'appliquent aux intervalles directs, à l'exception de la quarte augmentée, qui ne se rencontrerait que dans l'emploi du quatrième et du septième degrés de la même gamme. Il en est de même de la quinte diminuée, qui ne pourrait être obtenue qu'en employant alternativement le septième degré d'une gamme, conjointement avec le redoublement du quatrième degré de cette même gamme.

Les élèves seront d'abord questionnés sur le ton dans lequel se trouve chacun de ces exercices, en raison de la quantité des accidens placés à la clef. Dans le cas où ils ne le reconnaîtraient pas, les N.ºs 9 et 10 seront récapitulés. On ne fera que la première note de chaque mesure avec l'instrument, hors le cas où celles qui auraient été employées dépasseraient l'étendue de la voix. Lorsqu'ils seront arrivés à un résultat satisfaisant, le même exercice sera recommencé, en reproduisant toutes les notes de la seconde partie.

Dans le courant de ces exercices, toutes les fois que les élèves seront questionnés sur la nature d'un intervalle dont on leur fera entendre les sons, ils répondront d'abord sur l'intervalle, sur sa notation, et le chanteront ensuite immédiatement.

Ces connaissances étant acquises, les élèves seront exercés à prendre, de mémoire, l'intonation des divers *intervalles simples*, en désignant en même temps leur notation. Dès qu'ils seront parvenus à les exprimer facilement, on pourra, si on le juge à propos, commencer à leur en faire faire l'application, en choisissant dans les solféges des mélodies écrites dans le ton de l'exercice qu'ils connaitront exactement. Dans ce cas suivez les instructions mentionnées aux derniers paragraphes du N.° **78** page **14**.

N.° **48**. Lorsque le N.° **48** sera terminé, il sera fait des questions relatives au genre Enharmonique, c'est-à-dire, en considérant alternativement l'intervalle, sous les deux aspects à l'aide desquels les mêmes sons peuvent être représentés; car, c'est pour ce motif que ces exercices ont été poursuivis jusqu'au ton de **la** dièze, majeur, qui est en relation enharmonique avec le ton de **si** bémol. Par ce moyen, tous les demi-tons des deux gammes chromatiques seront passés en revue.

N.° **49**. Presque tous les solféges contiennent des exercices plus ou moins développés sur les intervalles, auxquels nous avons donné la dénomination d'intervalles *Directs*; mais aucun ne traite spécialement de ceux que nous avons rangés sous le titre d'intervalles *Indirects*, et les notions dont ils sont accompagnés sont tellement incomplètes, que c'est pour la première fois, peut-être, que l'on démontre l'analogie qu'ils ont avec les intervalles déjà connus. Cependant, il n'est pas un seul ouvrage élémentaire qui ne présente isolément l'emploi plus ou moins fréquent de ces divers intervalles. Ne suffit-il pas que l'on puisse les rencontrer quelquefois, pour qu'il soit d'autant plus essentiel de les pratiquer, qu'ils constituent une des plus grandes difficultés de l'art du chant; et que leur emploi est une nécessité prescrite pour la transmission des sons, que la régularité de l'harmonie défend de considérer comme appartenant aux intervalles *directs*.

Afin d'éviter toute confusion dans la pratique anticipée des exercices suivants, il sera bon de n'enseigner aux élèves les intervalles *Indirects*, que lorsqu'ils posséderont exactement les intervalles *Directs*. (1)

Après avoir chanté une mesure de l'intervalle *Direct*, à l'aide d'un instrument qui ne fera que la première note de chaque mesure, l'on passera desuite à l'intervalle *Indirect* qui lui correspond; et l'on continuera ainsi, en allant alternativement d'une ligne à l'autre, jusqu'à la fin de chaque N.° On le recommencera ensuite, en ne suivant plus que la première ligne.

Il serait dangereux pour les élèves de rester trop longtemps sous l'influence de ces exercices. (1)

Cette étude sera terminée par des questions sur tous les intervalles. En conséquence, toutes les fois que l'on fera entendre deux sons, s'ils ne dépassent pas les limites de l'octave, les élèves seront tenus de désigner l'intervalle *Direct*, et l'intervalle *Indirect* qu'ils représentent, et de plus la quantité de demi-tons qu'ils contiennent: Ce qu'ils apprendront facilement à l'aide du N.° **55**. Lorsque l'intervalle sera redoublé, ils se borneront à faire connaître les deux aspects qu'il offrira.

---

(1) Le moyen d'éviter ces inconvéniens est mentionné au paragraphe 6.° de l'article *des conseils*.

N.º **55**. Pour se rendre raison de la quantité des demi-tons contenus dans un intervalle, il suffira d'apprendre par cœur les neuf premières cases de ce tableau. Il sera essentiel de rappeler souvent aux élèves, qu'en réunissant la quantité des demi-tons d'un intervalle, à la quantité des demi-tons de l'intervalle qui en est le renversement, ils obtiendront toujours le nombre de douze demi-tons, dont se compose l'octave, ainsi que nous le représente la gamme chromatique.

N.º **58** et suiv. Pour les exercices de ces numéros, suivez les instructions consignées au N.º **31**. Nous conseillons d'insister sur ces derniers exercices, jusqu'à ce que les élèves soyent parvenus à apprécier les sons dans l'étendue de cinq ou six octaves, et dans tous les sens sous lesquels ils peuvent être représentés, en prenant pour point de départ chacune des notes de la gamme chromatique, alternativement.

N.º **74**. Les deux exceptions relatées dans notre théorie, et justifiées par les phrases musicales consignées dans ce N.º, suffisent pour faire connaître que les élèves peuvent tomber dans l'erreur, en suivant textuellement les indications prescrites dans certains ouvrages élémentaires, qui recommandent de chercher la note sensible du ton mineur, dans les quatre ou tout au plus dans les huit premières mesures d'un chant, puisqu'il est démontré que, dans une mélodie sans accompagnement, l'emploi accidentel de signes d'altération est insuffisant pour déterminer les changemens de tons et de mode, et qu'ils sont plus particulièrement fixés par l'emploi de la cadence parfaite. D'ailleurs on rencontre souvent des périodes de seize mesures, et quelquefois même de plus développées; alors cette note sensible pourrait se trouver dans les dernières, tout aussi bien que dans les premières mesures de ces phrases.

N. **75**. Lorsque trois notes se trouvent en relation de tierce et de quinte inaltérée, leur réunion forme ce que l'on appelle un accord *Parfait*. Toutes les fois que des notes d'un accord sont entendues successivement, il reçoit la dénomination d'accord *Brisé*. Lorsqu'elles sont produites simultanément, il prend le nom d'accord *Plaqué*. Cependant, ces deux qualifications ne désignent point l'espèce particulière d'un accord, mais la manière dont il est présenté.

Il serait nécessaire de faire apprendre par cœur le nom des notes formant accord parfait, dans tous les tons.

N.º **76**. Au moyen des deux tableaux qui font partie de cet exemple, les élèves feront l'analyse des explications qui ont été transmises, sur l'enchaînement des gammes majeures, et sur les rapports des tons mineurs aux tons majeurs; si non, les N.ºˢ **8**, **9**, **73** et **75** seront revus.

N.º **77**. Les trois exemples qui composent ce N.º ne renferment que les mêmes motifs, disposés de trois manières différentes. Il sera fort utile d'exercer les élèves à reconnaître les changemens de tons et de mode qu'ils contiennent, et de leur faire rendre compte des différences qui se rencontrent dans leur distribution.

Le principe qui pourra seul fixer l'attention des élèves, et leur démontrer l'origine des relations et transitions opérées entre un ton et un autre ton, un mode et un autre mode, remonte aux démonstrations qui ont été faites sur l'enchaînement des gammes. Ces changemens de tons, amenés par le retranchement ou l'addition d'un seul accident, et le changement de mode, sont les seuls qui puissent être démontrés, sans le secours de l'harmonie; mais ils ont le précieux avantage de rendre raison des moyens qu'elle emploie, pour nous conduire à des transitions imprévues.

N.º 78. Pour connaître quel est le ton enharmonique d'un ton donné, et combien d'accidens sont nécessaires à sa formation, il faudra ajouter aux accidens du premier de ces tons autant d'accidens contraires, et de doubles accidens, s'il y a lieu, qu'il en faudra pour compléter le nombre douze, égal à la quantité des demi-tons de la gamme chromatique.

Sitôt que les exercices précédens auront été parcourus, il deviendra nécessaire, pour les progrès des élèves, qu'ils soient exercés séparement, afin d'éviter que les plus faibles ne suivent machinalement les plus forts, et pour qu'ils contractent l'habitude de marcher sans d'autres guides que les principes généraux, dont ils auront sans cesse à faire l'application.

Le premier soin du professeur sera de connaître la nature de la voix de l'élève, afin d'employer toutes les précautions convenables pour ne dépasser que le moins possible son étendue moyenne, surtout dans les premiers mois.

Il sera sans cesse recommandé à l'élève de ne jamais forcer la voix, ni de la comprimer; ce qui est également préjudiciable.

Avant de chanter un morceau, l'élève devra désigner le ton dans lequel il est écrit; ensuite il reconnaîtra tous les intervalles qu'il contient, et il le recommencera, en le soumettant aux valeurs de la mesure, abstraction faite du chant: Enfin, après avoir pris l'accord parfait du ton désigné, il chantera, en adoptant un mouvement un peu plus lent, afin de vaincre plus facilement les difficultés inséparables des premiers essais.

Toutes les fois que l'élève fera entendre une intonation défectueuse, le professeur le ramenera à la nature de l'intervalle qu'il aura mal rendu: Le son de la première note lui sera ensuite donné; et s'il se trompe de nouveau, ce qu'il y aura de mieux à faire, ce sera de lui chanter la note avec laquelle il aura confondu la véritable intonation.

PLAN D'ÉTUDES.

Après avoir parcouru notre méthode et les exercices qu'elle contient, les élèves commenceront par chanter la première partie de l'A. B. C. de Mr Panseron. Afin de les fortifier dans la pratique des intonations, il faudra chaque jour leur jouer lentement quelques mélodies, dont ils nommeront les notes, à mesure qu'ils en entendront les sons: ils les chanteront ensuite. Ce genre d'exercice leur présentera plus ou moins de difficultés, selon les résultats qu'il auront obtenus de notre mode d'enseignement.

Il sera fait un choix dans les solfèges, 1.° de Lecarpentier; 2.° de Catrufo; 3.° de Garaudé, de manière à ne voir que les numéros qui n'excèderont pas l'étendue de la voix de l'élève, ni les valeurs de la croche. (1)

L'élève qui sera arrivé à ce point, aura contracté l'habitude de saisir les intonations, avec assez d'assurance, pour que le professeur puisse l'accompagner avec la voix ou un instrument. Alors les ouvrages ci-dessus seront revus et offriront de nouvelles difficultés, par l'addition de cette partie d'accompagnement. L'intervention de cette seconde partie développera l'intelligence musicale de l'élève, en même temps qu'elle rectifiera la justesse de ses intonations. Nous engageons même très fortement à joindre aux exercices élémentaires de ces divers ouvrages, la pratique du solfège de M.ʳ Fétis, où ils se trouvent développés plus que dans aucun autre.

4.° Le solfège de Catrufo, sera ensuite repris et continué, en n'admettant que les numéros qui seront à la portée de l'élève, tant sous le rapport des difficultés de la lecture, que sous celui de l'étendue de la voix.

5.° Il en sera de même à l'égard de la seconde partie de l'A, B, C, de Panseron et de la première partie du solfège de Garaudé.

Lorsque les élèves se seront familiarisés avec les tons qui exigent l'emploi des trois premiers dièzes et des trois premiers bémols; et qu'ils seront arrivés à l'exercice des autres tons, avant qu'ils ne les chantent, tels qu'ils sont écrits, il sera fort utile de substituer à la quantité des accidens placés à la clef, la quantité moindre d'accidens contraires, amenant la tonique du même nom. Cette transposition n'exige point le déplacement des clefs employées: elle agit seulement sur les accidens dont elle change le caractère.

6.° Viendra en suite le solfège de Massimino.

7.° Les solfèges à deux voix offriront un nouveau genre d'étude. Nous recommandons l'emploi du solfège de Sudre, conjointement avec le nouveau cours de lecture musicale de M.ʳ Garaudé. op: 41.

8.° La seconde partie de Massimino.

9.° La seconde partie de Catrufo, qui est terminée par quelques Duos et Trios.

10.° Et en dernier lieu, la deuxième partie de celui de Garaudé.

Les solfèges d'Italie et ceux du conservatoire seront également employés, toutes les fois qu'il n'y aura pas d'inconvénients dans la pratique des sons aigus, sur lesquels ils reviennent fréquemment.

____

(1) La voix de tête, improprement appelée fausset, contribue singulièrement à diminuer les fatigues du chant. L'on ne saurait donc accoutumer trop promptement les élèves à faire usage de ce genre de voix: Pour les exercices, voyez les vocalises.

Tous les deux mois environ, il deviendra nécessaire d'interrompre, pendant quelques jours, la pratique de ces divers ouvrages, pour revenir à nos exercices élémentaires, depuis le N.° 50, jusqu'au N.° 72, et insister principalement sur les redoublemens au grave et à l'aigu.

Lorsque l'élève aura atteint un certain degré de force, nous lui recommandons de s'exercer à écrire, en différens tons, les airs ou motifs présens à sa mémoire, en choisissant de préférence ceux dont il aura un exemplaire ou une copie exacte, qu'il pourra consulter, au besoin.

Du reste l'application de ce plan d'études doit nécessairement varier en raison de la voix et de l'aptitude des élèves.

Dans la conviction où nous sommes que les progrès, dans l'enseignement des premières notions musicales, ne consistent nullement, ni dans l'emploi d'une basse savante, trop au dessus de la portée de l'élève, ni dans un chant gracieux, beaucoup plus amusant qu'instructif, et que leur pratique anticipée ne suscite que des entraves; persuadé que les moyens indiqués dans notre *instruction* sont les plus convenables pour arriver promptement à la connaissance des intervalles et de leurs intonations, si nécessaires au chanteur et à l'instrumentiste, nous recommandons de ne jamais perdre de vue que notre principale intention a été, comme nous l'avons déjà exprimé, 1.° d'exercer les organes des élèves à reconnaître les distances qui séparent les notes, et à distinguer la nature de ces distances ; 2.° de les exercer à apprécier les sons, leur justesse et leurs modifications, Regardant comme illusoire et défectueux, tout enseignement élémentaire qui n'est pas dirigé directement vers ce but. Nous pensons avec confiance que M. M. les Professeurs suppléeront d'eux mêmes aux lacunes qui pourraient se trouver dans un traité où nous n'avons pas cru devoir consigner toutes les ressources qu'offre l'enseignement, nous bornant à indiquer ce qui touche essentiellement à notre système.

N.ª Nos exercices étant terminés, il serait encore fort utile de se livrer à la comparaison des sons, sur des instrumens de timbre différens. Nous conseillons même aux personnes qui désirent se perfectionner dans la science des sons, de se livrer à l'acoustique, et de s'exercer particulièrement sur le tiers, ensuite sur le quart de ton, afin d'arriver à différencier non seulement le comma, mais encore quelques unes de ses fractions. Ces expériences ne pourront produire que d'heureux résultats, puisqu'elles ont pour but de développer l'intelligence des organes de l'ouie. Elles seront pratiquées sur le sonomètre, tel que l'a conçu M.ʳ Marloye, facteur d'instrumens d'acoustique.

MÉTHODE ÉLÉMENTAIRE
de
MUSIQUE.

———

L'étude de la musique a pour but de former les organes à l'intelligence des sons et des caractères mesurés, qui les représentent ou les remplacent.

De là résultent des difficultés spéciales et tellement variées, qu'il devient indispensable de les traiter séparément, pour les rendre plus compréhensibles, et en faciliter l'exécution. C'est par ce motif que cet ouvrage sera divisé en deux parties distinctes.

Dans l'une, on traitera des *intervalles*, et de leur *intonation*; et dans l'autre, de tout ce qui a rapport à la *lecture musicale*, soumise à la mesure. Ces deux parties seront précédées de quelques notions préliminaires, qui leur sont communes.

———

DU NOM DES NOTES,
DE LA PORTÉE, ET DE L'USAGE DES CLEFS.

Les caractères qui servent à représenter les sons, produits par les voix ou par les instruments, sont appelés *notes*. On en distingue sept, savoir: UT ou DO, RÉ, MI, FA, SOL, LA, SI. Elles s'écrivent sur des lignes, et sur les espaces qui les séparent, et qu'on appelle *interlignes*. Leur réunion se nomme *portée*. Exemple:

N.º 1.

Les notes étant susceptibles de se reproduire à des distances plus ou moins éloignées, la portée devient alors insuffisante pour les contenir. Dans ce cas, on trace, au-dessus oubien au-dessous de celle-ci, des petites lignes appelées *supplémentaires*. Exemple:

Cependant, si à l'aide de ce moyen, l'on voulait représenter tous les sons, il en faudrait une si grande quantité que l'œil le plus exercé ne tarderait pas à s'égarer dans une portée trop spacieuse. Pour éviter cet inconvénient, on a recouru à des signes que l'on appelle *clefs*, et dont l'emploi est déterminé de la manière suivante: la clef de **FA** reproduit les sons graves; la clef d'**UT**, les sons intermédiaires; et la clef de **SOL**, les sons aigus.

La clef de **FA** se place sur la troisième ligne et sur la quatrième; la clef d'**UT**, sur la quatrième ligne, sur la troisième, sur la seconde et sur la première; et la clef de **SOL**, sur la seconde ligne.

exemple:

La clef de **FA** quatrième ligne et la clef de **SOL**, seront étudiées de préférence aux autres, parceque ces deux clefs sont les plus usitées, et les seules employées pour la musique arrangée pour le piano.

Cependant les exercices mentionnés au N.º 4. de notre traité des intervalles, pourront être appliqués à la lecture des autres clefs.

Ces exercices ou autres de ce genre seront continués jusqu'à ce que l'on soit arrivé au N.° **17**.

Nota. Les expériences faites sur le Sonomètre m'ont démontré évidemment que le plus sûr moyen d'arriver facilement à différencier les sons consiste à établir entre eux des rapports continuels de comparaison, abstraction faite du chant, puisque c'est ainsi qu'une oreille déjà exercée parvient à distinguer des fractions infiniment plus petites que le quart de ton, et que la voix ne saurait transmettre. Les élèves auront donc d'une part, à rendre compte de la différence qu'ils remarqueront entre les sons; tandis que de l'autre, ils seront exercés à distinguer la nature des intervalles à l'aide desquels cette différence est transmise aux yeux.

Dès les premières leçons les élèves seront exercés à différencier les sons graves des sons aigus, abstraction faite du nom des notes; il suffira de leur faire entendre les sons suivants. ex:

Lorsque les élèves seront parvenus à distinguer exactement les sons de ce dernier exercice, ils pourront entreprendre les N.ᵒˢ suivants. Ils remarqueront que les deux sons qui forment le demi-ton sont beaucoup plus rapprochés que ceux qui composent le ton. ex:

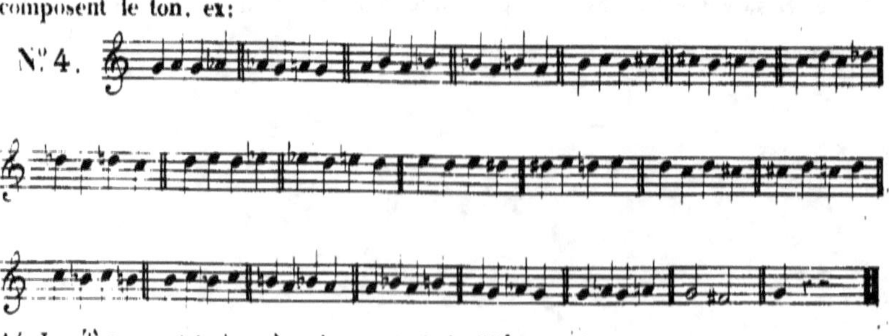

1´ Les élèves auront toujours à rendre compte de la différence qu'ils remarqueront entre les sons.

TRAITÉ

DES

Intervalles

Les notes correspondent à des sons plus ou moins aigus, suivant que les degrés qu'elles occupent sur la portée sont plus ou moins élevés. Chaque ligne, chaque interligne forment un degré. De cette analogie qui existe entre la nature des sons, et la manière de les représenter, résulte la nécessité de faire quelques exercices préparatoires sur un certain nombre de ces degrés, afin de s'habituer à les apprécier avec exactitude.

La distance qu'il y a d'une note à une autre, est représentée et calculée par la quantité de degrés qui les séparent. Cette distance s'appelle *intervalle:*

Deux notes qui comprennent deux degrés, forment un intervalle de *seconde*. Il faut qu'elles en renferment trois pour la *tierce*; quatre, pour la *quarte*; cinq, pour la *quinte*; six, pour la *sixte*; sept, pour la *septieme*; et huit, pour l'*octave*. Exemple:

(1)

(1) L'élève rendra compte du nombre des degrés contenus dans chaque intervalle, en indiquant la quantité de lignes et d'interlignes.

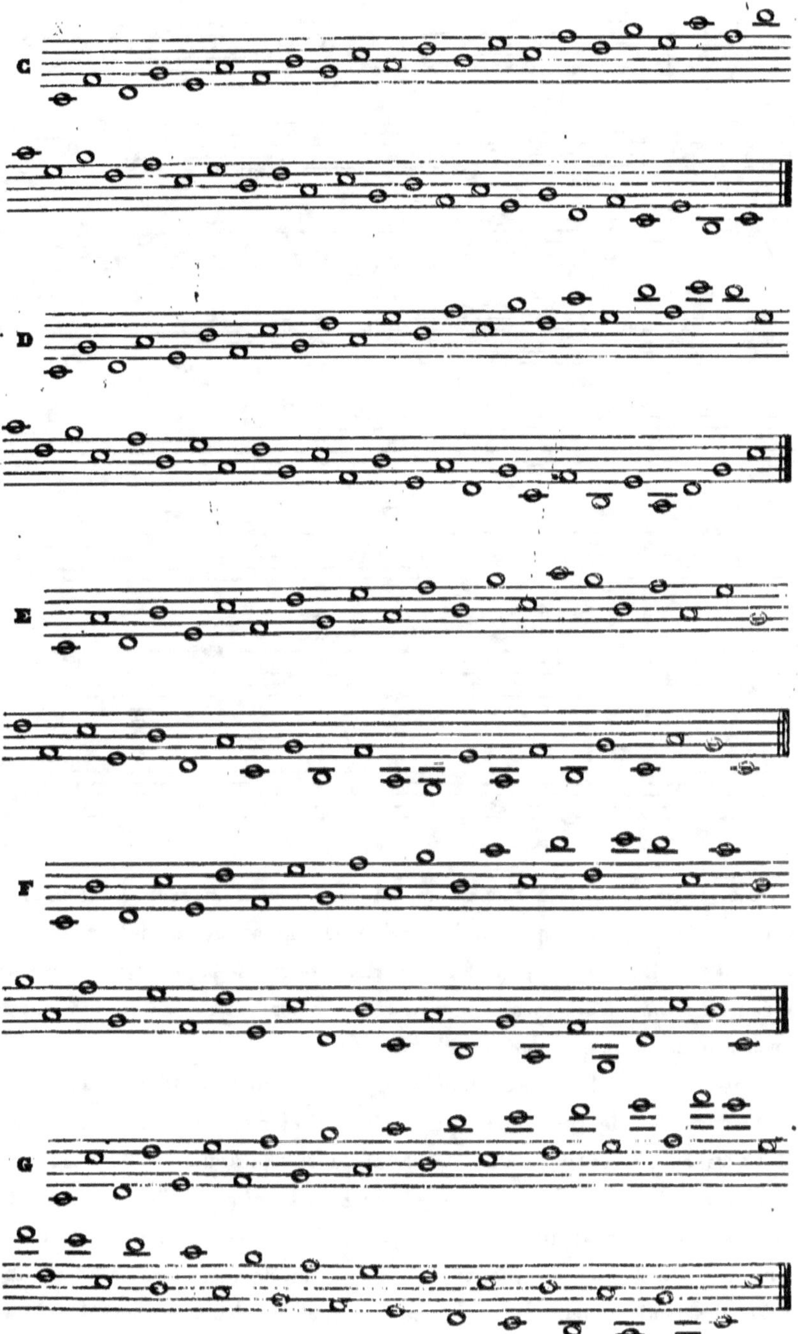

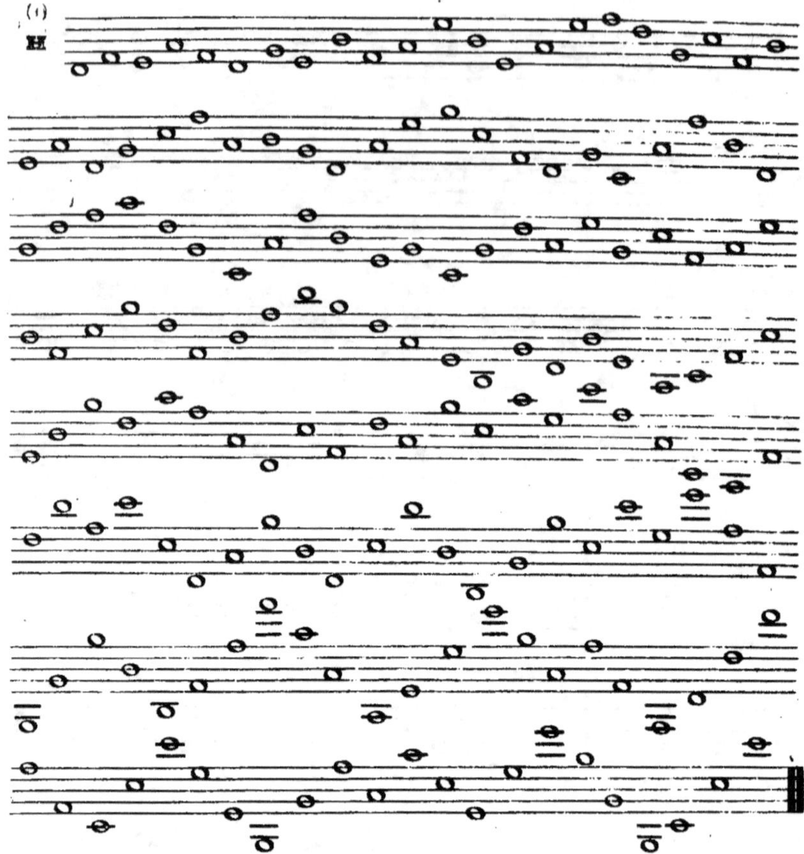

Les intervalles, et le rapport qu'ont deux sons l'un avec l'autre, ne peuvent être appréciés que par le nombre de tons ou de demi-tons qu'ils contiennent. Deux notes placées sur le même degré de la portée, ne forment aucun *intervalle:* leurs sons s'unissent et se confondent, de manière à n'en former qu'un seul, que l'on appelle unisson.

Chaque intervalle est susceptible de recevoir trois modifications, qu'il faut se garder de confondre: pour plus de clarté, nous joindrons à la classification de ces intervalles, de nombreux exemples destinés à les démontrer, et que tous les élèves comprendront avec la même facilité: mais, en ce qui concerne leur application, c'est-à-dire l'effet des sons qu'ils représentent, et qui constitue *l'intonation,* ces exercices, de même que ceux de la mesure, seront toujours l'écueil contre lequel viendront échouer tous les efforts d'une organisation défectueuse. Car les méthodes, quelque bonnes

. (1) Cet exercice sera pratiqué jusqu'à ce que l'élève soit parvenu à distinguer promptement chaque intervalle.

qu'elles soient, n'offrent un moyen d'arriver promptement, qu'entre les mains de ceux qui sont doués d'une aptitude convenable. Quant aux autres, ils peuvent être persuadés qu'ils n'atteindront jamais un résultat assez satisfaisant, pour être dédommagés de leurs peines, et des sacrifices qu'ils auront faits.

Avant d'entreprendre la classification des *intervalles*, il convient de parler des *Gammes*, dans lesquelles ils sont réunis.

DES GAMMES.

Un son quelconque est susceptible de se reproduire soit au grave, soit à l'aigu. De cette reproduction résulte l'octave, que l'on divise en un certain nombre de parties, appelées *tons* et *demi-tons*. Elle renferme dans ses limites tous les sons pratiqués dans notre système musical. C'est elle qui a donné lieu à l'origine de ce que l'on appelle *Gamme*.

On en distingue trois, savoir la gamme diatonique,([1]) *majeure;* la gamme diatonique,([1]) *mineure;* et la gamme *chromatique*. ([2])

DE LA GAMME DIATONIQUE, MAJEURE.

Pour qu'un son quelconque joint à sa reproduction, soit au grave, soit à l'aigu, puisse donner lieu à la formation d'une *gamme diatonique, majeure*, il faut que les différentes parties qui résultent de leur ensemble, soient disposées de manière à pouvoir présenter *une progression ascendante ou descendante, et non interrompue, de huit sons ou de huit notes, susceptibles d'être divisées en deux parties distinctes, composées chacune de deux tons et d'un demi-ton, distribués de la même manière*. Faisant l'application de cette progression aux sept notes dont il a été déjà question, en suivant l'ordre dans lequel elles ont été présentées, nous aurons:

Exemple:

([1]) L'expression *Diatonique* dérive de deux mots grecs, qui signifient par tons. Elle a été appliquée aux deux gammes majeure et mineure, parce qu'en effet, elles procèdent plus souvent par cet intervalle que par tout autre.

([2]) L'expression *Chromatique* tire également son origine d'un mot grec, qui signifie couleur. Appliquée à la gamme qui procède par demi-tons, elle en désigne le brillant, le coloris et la variété.

TABLEAU ANALYTIQUE

Servant à la pratique des exercices préparatoires
sur les intervalles, et le nom des notes, subordonné à l'emploi des différentes clefs.

L'emploi des clefs détermine la place que les notes occupent sur la portée. La note placée sur la ligne où se trouve la clef, porte toujours le même nom que celle-ci.

N.º 5.**

** Ce signe indique les numéros qui ont donné lieu aux observations pratiques, mentionnées dans notre mode d'enseignement.

N.ª Pour arriver à la pratique de toutes les clefs, il faudra insister longuement sur les N.ºˢ 5 et 4.

TABLEAU ANALYTIQUE

Servant à la pratique des exercices préparatoires
sur les intervalles, et le nom des notes, subordonné à l'emploi des différentes clefs.

Les personnes qui ont entrepris l'étude de cette méthode, sans
l'assistance d'un professeur, sont invitées à prendre connaissance des
conseils, mentionnés à la page 222.

(1) D'Ut à Ré il y a un ton; de Ré à Mi, un ton; de Mi à Fa, un demi-ton: De Sol à La, un ton; de La à
Si, un ton; et de Si à Ut, un demi-ton.
(2) Les élèves auront à se rappeler de la place occupée par la note à l'octave inférieure et supérieure de la
note située sur le même degré, que chacune des clefs qu'ils exerceront spécialement.

Toute autre disposition entre les tons et les demi-tons d'une progression, ne peut former une *gamme diatonique, majeure:* puisque les deux demi-tons ne se trouvent plus du 3.ᵉ degré, au 4.ᵉ ni du 7.ᵉ au 8.ᵉ Exemple.

La seconde en montant, et la septième en descendant sont formées des mêmes notes. La tierce répond à la sixte; la quarte, à la quinte; la quinte, à la quarte; la sixte, à la tierce; et la septième, à la seconde.

DE LA GAMME DIATONIQUE, MINEURE.

La Gamme diatonique, *mineure* est défectueuse, parcequ'il n'y a point d'uniformité, ni de régularité dans sa progression ascendante et descendante. Elle n'est autre chose que le résultat des altérations que l'on fait subir à certains sons, ou à certaines notes de la gamme diatonique, *majeure.*

Les explications relatives à cette gamme ne pouvant être comprises qu'à l'aide de notions qui n'ont point été données, nous les renvoyons à l'article des modes.

DE LA GAMME CHROMATIQUE.

Chaque ton contenant deux parties appelées demi-tons, il a fallu des signes pour représenter l'augmentation ou la diminution qu'il peut subir, par suite de cette division. Ainsi, le dièze hausse d'un demi-ton la note qu'il précède,[1] et le bémol la baisse de la même quantité.[2] Leur usage a nécessité l'emploi d'un autre signe, qui a pour but de détruire l'effet des deux premiers, et de replacer la note dans son état primitif: c'est celui qu'on appelle *bécarre*.[3] Il y a encore le *double-dièze*, qui augmente d'un demi-ton la note déjà altérée; et le *double-bémol*, qui produit le résultat contraire.

Reprenant donc la gamme diatonique majeure, dont il a été question, et divisant chaque ton dont elle est composée en deux demi-tons, l'on obtient une nouvelle distribution, qui procède par demi-tons et qu'on appelle Gamme *chromatique*.

La gamme *chromatique* s'écrit de plusieurs manières; en faisant usage du *dièze*, et du *bémol*; et en employant le premier en montant, et le second en descendant. Exemple:

N.° 7.

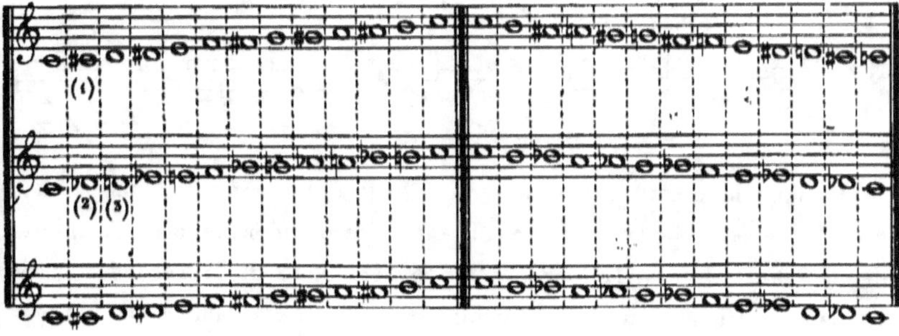

Le demi-ton qui existe entre deux notes du même nom, s'appelle *chromatique*; et l'on nomme demi-ton *diatonique*, celui qui est représenté par deux notes d'un nom différent. Exemple 7.

DE L'ENCHAÎNEMENT DES GAMMES MAJEURES.

Soit pour obtenir de la variété dans le rapport des sons entr'eux, soit par égard à l'étendue des voix ou des instruments, l'on a senti la nécessité d'avoir recours à d'autres *tons* (¹) qu'à celui de la gamme primitive. Alors, à l'aide des signes conventionnels qui servent à modifier les sons, on a construit de nouvelles gammes sur chacune des notes de celle-ci, en observant la même disposition dans l'ordre des tons et des demi-tons.

La première note de chaque gamme, s'appele *tonique*. C'est elle qui sert à distinguer le *ton* dans lequel chaque gamme est écrite. Ainsi, celle dont il a été question déja bien des fois, commençant par un ᴜᴛ, s'appelle *gamme* du ton d'ᴜᴛ; c'est-à-dire, gamme dont la *tonique* est ᴜᴛ. (¹)

La seconde note s'appelle *sus-tonique*; la troisième, *mediante*; la quatrième, *sous dominante*; la cinquième, *dominante*; la sixième, *sus-dominante*; la septième, *note sensible*, ou *sous-tonique*; et la huitième, *redoublement de la tonique*, ou *octave*.

Les solfèges se bornent tous à indiquer l'ordre dans lequel les dièzes et les bémols se placent à la clef, et quelle doit en être la quantité pour chaque gamme ou chaque ton; (¹) mais aucun n'explique ni pourquoi ni comment cela s'opère. Il est cependant fort essentiel de se rendre compte de la formation des gammes, et de leur enchainement.

On se rappelle sans doute la définition que nous avons donnée de la gamme diatonique majeure. Nous allons la reproduire ici, tant en montant qu'en descendant. Exemple:

Puisque la première note a servi à former une gamme, et que la dernière n'en est que la répétition, il est évident qu'on ne peut l'employer de nouveau. Mais si l'on prend la première note de la seconde partie, en montant, l'on aura déjà la moitié d'une nouvelle gamme, que l'on complétera en continuant la progression ascendante, jusqu'à ce qu'on rencontre son redoublement, et de plus en mettant un dièze devant le ʀᴀ,

---

(¹) Le mot *Ton* a donc deux significations distinctes: il désigne un intervalle composé de deux demi-tons, ou il devient synonyme du mot tonique.

Nᵃ Voyez le Nota des pages 30 et 31.

pour qu'il n'y ait qu'un demi-ton de cette note au soL; de même que du si à l'ut de la première gamme. Quant à celle que nous venons de construire, elle est donc la gamme diatonique du *ton* de soL, puisque la *tonique* ou première note est un soL. Exemple 8.

En opérant ainsi sur la progression descendante de la même gamme, il ne nous reste plus à prendre que la première note de la seconde fraction, qui nous offre également la moitié d'une autre gamme; et si l'on continue cette progression, jusqu'à ce que l'on rencontre le redoublement de la note d'où l'on est parti, on obtiendra la seconde fraction de cette nouvelle gamme, que l'on complétera en plaçant un bémol devant le si, afin qu'il n'y ait qu'un demi-ton de cette note au LA; ainsi que du FA au mi de la gamme primitive. Quant à celle qui vient d'être formée, elle est donc la gamme diatonique descendante du *ton* de FA MAJEUR, puisque sa tonique c'est-à-dire sa première note est un FA. Exemple 8.

En continuant le même procédé, jusqu'à ce que toutes les notes de la *gamme primitive* aient subi l'altération du *dièze* et du *bémol*, on sera parvenu à former *quatorze nouvelles gammes*. L'élève remarquera que la *progression ascendante* produit l'augmentation du nombre des *dièzes*, et que la *progression descendante* nécessite sa diminution; tandis que les *bémols* agissent dans le sens inverse. Exemple:

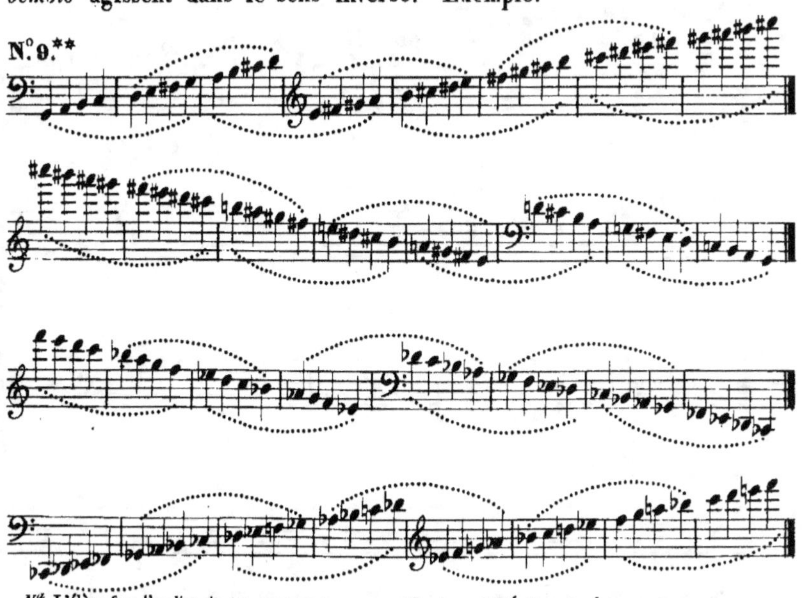

TABLEAU ANALYTIQUE

Sur les intervalles directs,
les gammes des tons majeurs, et leur enchainement en montant, et en descendant.

N.º On appelle gamme principale celle qui est choisie pour point de départ; et les deux autres gammes
qui ont une de leurs parties communes avec la première, sont appelées ses relatives.

TABLEAU ANALYTIQUE

Sur les intervalles directs,

les gammes des tons majeurs, et leur enchainement en descendant, et en montant.

N.ᵉ Entre une gamme principale et l'une ou l'autre de ses gammes relatives il y a toujours la différence d'un accident.

Il ne reste plus qu'à reprendre ces gammes et à placer à la clef les accidens dont leur formation exige l'emploi, pour les retrouver dans l'ordre progressif désigné par les solfèges; c'est-à-dire les dièses, de quinte en quinte en montant, ou de quarte en quarte en descendant; et les *bémols*, de quarte en quarte en montant, ou de quinte en quinte en descendant. Exemple:

(1) Dans l'emploi des dièses, la tonique des tons majeurs se trouve toujours un demi-ton au dessus du dernier dièse placé à la clef. Dans l'emploi des bémols la tonique des tons majeurs porte toujours le nom de

Maintenant que la formation des gammes majeures et leur enchaine -
ment doivent être compris, il convient de les traiter, non par fractions,
comme nous l'avons fait jusqu'à présent, mais de les envisager dans leur
ensemble. Considérée de cette manière, *la gamme diatonique, majeure, est
une progression ascendante et non interrompue, composée de cinq tons et
de deux demi-tons placés, l'un du troisième degré au quatrième; et l'autre
du septième au huitième.*

L'avant dernier bémol placé à la clef.

CLASSIFICATION DES INTERVALLES.

Une quantité quelconque de demi-tons peut être représentée de deux manières différentes. Ce double aspect sous lequel les sons doivent être reconnus et appréciés, donne lieu à la distinction suivante.

Les intervalles sont classés en intervalles *Directs* et intervalles *Indirects*.

DES INTERVALLES DIRECTS.

Tout intervalle *Direct* est formé par l'emploi de notes qui ont toujours entr'elles un rapport direct de tonalité, qui dérive de ce que, dans tous les cas, elles sont susceptibles d'appartenir à la même gamme majeure.

Les intervalles directs sont 1.º la seconde *majeure* et la seconde mineure.

2.º La tierce *mineure* et la tierce *majeure*; 3.º la quarte *inaltérée* ou *juste* et la quarte augmentée; 4.º la quinte *diminuée* et la quinte *inaltérée* ou *juste*; 5.º la sixte *majeure* et la sixte mineure; 6.º la septième *mineure* et la septième *majeure*.

La seconde *mineure* contient un demi-ton; la seconde *majeure*, un ton. Exemple:

N.ª Les N.ºˢ 11, 12, 13, 14, 15 et 16 seront appris par cœur, en suivant les instructions mentionnées au N.º 11, du mode d'enseignement.

N.ª Dans les exercices qui ont pour but d'apprendre à différencier les intervalles, la lecture sera faite par chaque élève, séparément et alternativement. La durée des séances sera employée à désigner la nature de chaque intervalle.

La Tierce *mineure* contient un ton et un demi-ton; et la Tierce *majeure*, deux tons. Exemple:

(1)
N.º 12.

La Quarte *inaltérée* contient deux tons et un demi-ton; et la Quarte *augmentée*, trois tons. Exemple:

N.º 13.

La Quinte *diminuée* contient deux tons et deux demi-tons; et la Quinte *inaltérée*, trois tons et un demi-ton. Exemple:

N.º 14.

(1) Les N.ºs 11 à 16 seront appris par cœur. Les élèves seront ensuite questionnés sur les intervalles disjoints, abstraction faite des dégrés conjoints au moyen desquels ces intervalles seront différenciés.

La Sixte *majeure* contient quatre tons et un demi-ton; et la Sixte *mineure* trois tons et deux demi-tons. Exemple:

Enfin la Septième *mineure* contient quatre tons et deux demi-tons; et la Septième *majeure*, cinq tons et un demi-ton. Exemple:

(1) Il ne sera frappé que quatre battemens pour chaque mesure à deux temps.

N.º 18.

N.º 19.

Il est essentiel de toujours exercer les élèves à différencier les sons, sans le concours de la voix.

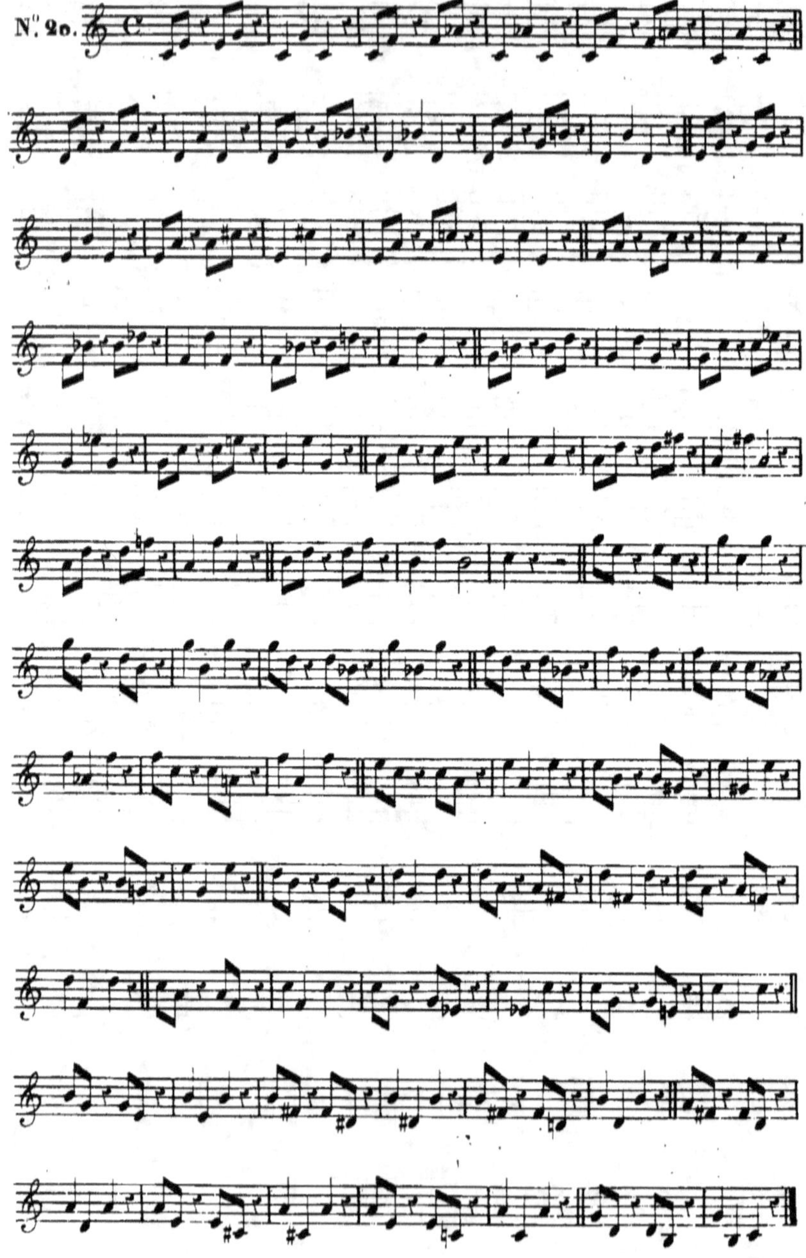

Les N.^{os} **21** et **22** seront chantés et appris par coeur, sans nommer les notes. Néanmoins, ils seront principalement pratiqués par fractions, à diverses reprises et sans le concour de la voix, jusqu'à ce que les élèves soient parvenus à désigner très promptement l'intervalle dont ils entendront les sons.

---

(1) Ce numéro sera partiqué chaque jour jusqu'à la fin de nos exercices.

MÉLODIES

PROCÉDANT PAR TONS ET DEMI-TONS.

Moderato.

N. 23.

Allegretto.

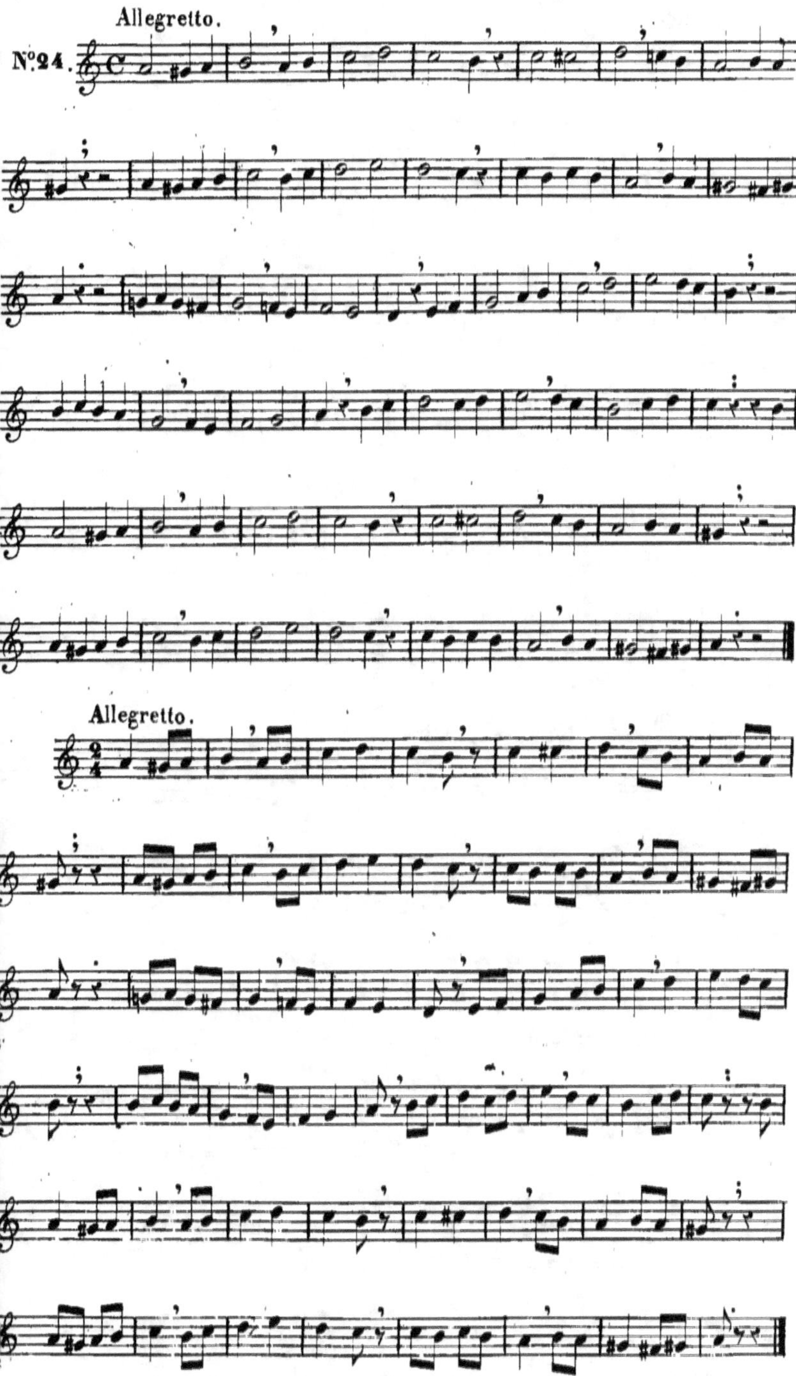
Allegretto.
N.º 24.
Allegretto.

Andante.

N.º 25.

Allegretto.
N.o 26.
supposition.
Allegretto.
supposition.

48
Moderato.
N.º 27.
Allegretto.

Andante.
N.º 28.
FIN.
même mouvt
D.C.
Allegro.
FIN.
même mouvt
D.C.

DES REDOUBLEMENS.

Tous les intervalles renfermés dans l'octave, sont appelés intervalles *simples*, et ceux qui en dépassent les limites sont appelés intervalles *redoublés*, parcequ'ils ne sont que le redoublement des premiers: c'est pour ce motif qu'ils sont soumis à la même classification.

Les intervalles *redoublés* correspondent aux intervalles simples, de la manière suivante:

La Neuvième *mineure* est le redoublement de la seconde *mineure*; et la Neuvième *majeure*, celui de la seconde *majeure*.

La Dixième *mineure* est le redoublement de la tierce *mineure*; et la Dixième *majeure*, celui de la tierce *majeure*.

La Onzième *inaltérée* redouble la quarte *inaltérée*; et la Onzième *augmentée*, la quarte *augmentée*.

Il en est de même des *douzièmes*, *treizièmes* et *quatorzièmes* etc, à l'égard des intervalles dont ils sont le redoublement, exemple:

(1) Avant de répondre aux questions sur les intervalles redoublés, l'élève reproduira les sons comparés, en les ramenant à l'intervalle simple, dont'ils sont le redoublement, et en les vocalisant dans l'ordre où ils auront été entendus.

REDOUBLEMENS, A L'AIGU.

Chacun des exercices suivants sera précédé de la gamme du ton dans lequel il est écrit.

(1) Les élèves seront questionnés sur le ton de chacun de ces exercices, en raison des accidens placés à la clef, et en suite sur le nombre d'accidens contraires qu'il faudrait supposer pour avoir la tonique du même nom. 11.

auront encore à désigner l'ordre progressif dans lequel ces divers signes seraient amenés.

N.º 37.
N.º 38.
N.º 39.
(¹)
(¹) Double-dièze.

N.º 40.
N.º 41.
N.º 42.
N.º 43.

N.º 44.
N.º 45.
N.º 46.

DES INTERVALLES INDIRECTS.

Tout intervalle *indirect* ne contient que des notes qui n'ont jamais entr'elles <u>aucun</u> <u>rapport</u> <u>direct</u> <u>de</u> tonalité, parceque, dans aucun cas, elles ne peuvent faire partie de la même gamme majeure.

Chaque intervalle *indirect* peut se rapporter spécialement à un intervalle *direct*, avec lequel il sera mis en contact, en raison de la quantité des demi-tons qui leur sont communs, et qui établissent entr'eux des relations appelées *enharmoniques*. Les intervalles *indirects*, rendus sur le piano, n'offrent donc en réalité que les intonations des intervalles *directs*; mais ils en diffèrent par la manière dont ils sont représentés, en ce sens que les rapports établis entre ces derniers intervalles, et leur intonation, n'existent plus: cependant la seule marche à suivre, pour les exécuter avec assurance, c'est de penser à l'intervalle *direct*, composé du même nombre de demi-tons.

(1) Avant de passer aux observations mentionnées au mode d'enseignement, les élèves seront questionnés sur les intervalles Directs, abstraction faite du chant et de l'intonation. Ils désigneront en suite l'intervalle

Ce sont ces rapprochemens qu'il est essentiel de ne pas perdre de vue, puisqu'ils peuvent seuls servir à faire apprécier les intervalles dont il est ici question. Telle est aussi la manière dont nous allons les envisager, par le motif que procéder du connu à l'inconnu, c'est la méthode la plus rationnelle et la plus profitable.

Les intervalles indirects sont, la seconde augmentée, la tierce diminuée, la quarte diminuée, la quinte augmentée, la sixte augmentée et la septième diminuée.

La seconde *augmentée* sera comparée à la tierce mineure, qui présentera les mêmes demi-tons. Exemple:

Indirect auquel peut se rapporter l'intervalle présenté, et nommeront les notes, ainsi que les signes d'altération amenés par cette substitution.

La tierce *diminuée* sera **comparée** à la seconde *majeure*, formée des mêmes demi-tons. Exemple:

La quarte *diminuée* sera comparée à la tierce *majeure*, qui offre les mêmes demi-tons. Exemple:

(¹) Double bémol.

La quinte *augmentée* sera comparée à la sixte *mineure*, ayant les mêmes demi-tons. Exemple:

N.º 52.

La sixte *augmentée* sera comparée à la septième *mineure*, formée des mêmes demi-tons. Exemple:

Enfin la septième diminuée, sera comparée à la sixte majeure, composée des mêmes demi-tons. Exemple:

DU RENVERSEMENT DES INTERVALLES.

Le renversement d'un intervalle est le déplacement que l'on fait subir alternativement à deux notes, mises en rapport. Ces deux notes ainsi transportées soit du grave à l'aigu, soit de l'aigu au grave, offrent des aspects différents, qu'il est essentiel de connaître.

RÈGLE GÉNÉRALE.

1° Tout intervalle *majeur*, produit, dans son renversement, un intervalle *mineur*.

2° Tout intervalle *mineur*, renversé, devient majeur.

3° L'Intervalle *inaltéré* produit, dans son renversement, un autre intervalle *inaltéré*.

4° Et un intervalle *augmenté* se convertit en intervalle *diminué*. Ex:

AUTRE PRINCIPE.

1.º La seconde produit la septième; et la septième, la seconde.

2.º La tierce produit la sixte; et la sixte, la tierce. Exemple 55.

3.º La quarte produit la quinte; et la quinte, la quarte. Exemple 55. (¹)

DES MODES.

Mode signifie état ou manière d'être d'une *gamme*, par rapport à l'ordre et à la distribution des tons et des demi-tons que cette *gamme* doit contenir.

Dans les ouvrages élémentaires, Solfèges ou Méthodes, voir même dans les traités d'harmonie, et à plus forte raison dans la pratique, l'on confond souvent le *Mode* avec le *Ton*, considérant ces deux expressions comme synonimes : Voici cependant la différence qui existe entre elles.

Changer de Ton, c'est quitter les sons d'une gamme, pour prendre les sons d'une autre gamme, en un mot, c'est changer de *Tonique*; tandis que changer de Mode, c'est passer d'un *Mode* à un autre *Mode*, en un mot, c'est moduler. Ce qui prouve que ces deux expressions doivent avoir une signification différente, c'est que l'on peut changer de *Ton*, sans changer de *Mode*, par exemple, en passant d'*Ut mode majeur* en *Sol mode majeur*; et que l'on peut pareillement *moduler*, c'est-à-dire changer de *mode*, sans changer de *Ton*, par exemple, en allant d'*Ut mode majeur* en *Ut mode mineur*. Lorsque du ton d'Ut majeur on passe au ton de La mineur, l'on obtient, tout à la fois, un changement de ton et de mode.

Récapitulant ce que nous avons dit sur les *tons* et sur les *modes*, il en résulte que nous avons seulement deux *modes*, savoir: le *mode majeur* et le *mode mineur*; tandis que nous avons, 1.º *quinze tons majeurs*, c'est-à-dire, construits sur le mode des tons *majeurs*.

2.º Et *quinze tons mineurs*, construits sur le *mode* des tons mineurs.

DE LA GAMME DIATONIQUE, MINEURE.

La gamme mineure se forme de deux manières :

1.º En montant avec la tierce mineure, la sixte et la septième majeures; et en descendant avec la septième, la sixte et la tierce mineures.

2.º En montant avec la tierce mineure, la sixte mineure et la septième majeure; et en descendant, de la même manière. Exemples

N^a Entre les gammes mineures et les gammes majeures qui comportent le même nombre d'accidens à la clef, il existe certains rapports que l'on exprime en disant qu'elles sont relatives.

N.º 57.

N.ª La tonique d'une gamme mineure est toujours une tierce au dessous de la tonique de la gamme majeure avec la quelle elle se trouve en relation.

Suivant *Fénaroli*, élève de l'ancienne école d'Italie, la première ne doit être admise que dans les mouvemens rapides. Dans tout autre cas a-joute-t-il, la sixte doit correspondre à la tierce du mode; et parconséquent être mineure. Maintenant, la plupart des auteurs ont adopté la première marche pour tous les mouvemens; d'où il résulte que le ton mineur qu'ils traitent, se confond en partie avec le ton majeur, portant la même tonique.

REDOUBLEMENS, AU GRAVE.

N.º 58.

N.º 59.

N.º 60.

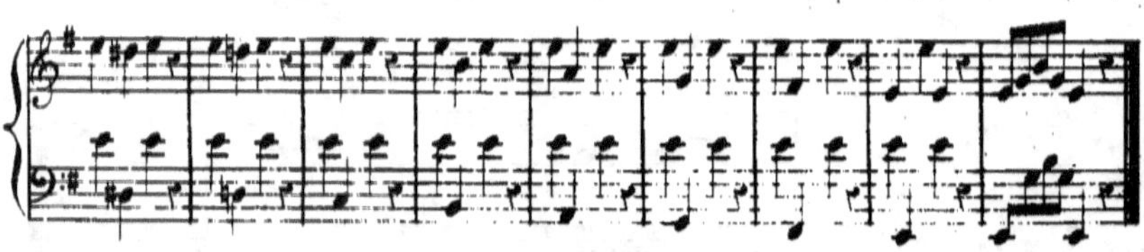

(1) Voyez le N.º de la page 51.

N.º 61.
N.º 62.
N.º 63.

N.° 64.
N.° 65.
N.° 66.
N.° 67.

N.º 68.
N.º 69.
N.º 70.

MOYENS POUR RECONNAÎTRE LE TON.

L'on a pu se convaincre, par l'exposé qui vient d'être fait des gammes majeures et des gammes mineures, que toutes celles qui appartiennent au même *mode* ne diffèrent entr'elles que par la quantité plus ou moins grande d'accidens qu'elles exigent.

Chaque ton *majeur* correspond à un ton *mineur*, qui comporte le même nombre de signes altératifs, placés à la clef, à l'exception du ton d'*Ut majeur* et du ton de *La mineur*, qui n'en exigent aucun. Ce sont ces relations, ces rapports, établis entre les sons de leur gamme respective, qui les font appeler relatifs directs : tels sont, à l'égard l'un de l'autre, les deux tons ci-dessus. (1)

Pour connaître le ton d'un morceau, il faut savoir quelle est la gamme majeure qui correspond au nombre d'accidens placés à la clef. Si la cinquième note de cette gamme est précédée d'un signe d'augmentation, cette

(1) Demander le ton d'un morceau, c'est demander quel est son ton principal, c'est-à-dire à quelle gamme principale il peut se rapporter.

quinte devient la sensible du ton mineur, son relatif **direct**. Dans le cas
contraire, le ton est majeur. Exemple:

N°. 73.

(1) La tonique d'un ton mineur se trouve toujours une tierce au dessous de la tonique du ton majeur, son relatif Direct.

EXCEPTIONS.

Cette règle n'est cependant pas sans exceptions, car il serait facile de citer des mélodies, ou d'en créer qui appartiennent indubitablement au mode mineur, malgré l'absence de la note sensible.

Quelquefois aussi l'on peut rencontrer la sensible d'un ton mineur, sans pour cela que le morceau soit dans ce ton: Dans ce cas, la valeur de cette note est de courte durée, telle qu'une croche ou une double croche, etc. Ex:

Le plus sûr moyen pour connaître le ton, consiste donc à subordonner la quantité des accidens placés à la clef, à la distinction du mode.

---

(1) Voyez l'article de la ponctuation musicale, page 77.

MOYEN DE RECONNAÎTRE LE MODE.

En comparant une gamme du mode majeur avec une gamme du mode mineur, on trouvera que du premier au troisième degré, le mode majeur contient une tierce majeure; et le mode mineur, une tierce mineure. Exemple:

N.º 75.**

* Toutes les fois qu'un morceau module, en conservant la même tonique, ce changement de mode est constaté par la différence de trois accidens. Ex: 75.

Lorsque les élèves sauront apprécier le rapport des sons, et auront acquis un certain usage en musique, il leur sera facile de distinguer le mode, en entendant l'effet des sons contenus dans les premières mesures du chant, et plus facilement encore s'il est joint à ses parties d'accompagnement. A cet égard, il suffit de faire observer que la tonique se trouve toujours à la basse, c'est-à-dire à la partie la plus grave, soit au commencement, soit à la fin du morceau, puisque les règles de l'harmonie défendent d'y renverser les accords.

DE L'ENCHAÎNEMENT
DES TONS ET DES MODES.

Il existe encore certaines relations entre une tonique, et les notes avec lesquelles elle forme une quinte supérieure ou une quinte inférieure, qui peuvent à leur tour devenir les *Toniques* de nouveaux tons, et donner lieu à l'emploi de leur *relatifs directs*. Ces quatre tons ne diffèrent du premier que par un accident, et sont appelés ses *relatifs indirects*. Par exemple, si nous avons le ton d'UT, mode majeur pour principal, c'est-à-dire pour commencer un morceau, son *relatif direct* sera LA, mode mineur. Mais on peut rencontrer un RÉ dièze, ou bien un SI bémol. Dans le premier cas, on passe dans le ton de SOL majeur ou de MI mineur, son *relatif direct*; tandis que dans le second cas, on le trouve dans le ton de FA majeur, ou de RÉ mineur, son relatif direct: ces quatre derniers tons seront pour le premier ses *relatifs indirects*. Exemple:

N.° 76.**

(1)

Le ton principal peut pareillement être *mineur*: dans ce cas, il a pour *relatif direct* un ton majeur; et pour *relatifs indirects*, deux autres tons mineurs, et les deux tons majeurs avec lesquels ils sont en <u>relation</u> directe. Exemple 76.

(1) Une tonique principale et ses relatives indirectes forment toujours une quinte supérieure ou une quinte inférieure.

TABLEAU

Indiquant les cinq tons relatifs d'un ton Majeur ou Mineur, principal. (1)

(1) Dans les tons formés par l'emploi des dièzes, lorsque la quinte supérieure devient tonique, el'
augmente le nombre des dièzes; tandisque dans ce cas, la quinte inférieure le diminue.

TABLEAU
Indiquant les cinq tons relatifs d'un ton Majeur ou Mineur, principal. (1)

(1) Dans les tons formés par l'emploi des bémols, quand la quinte inférieure devient tonique, elle produit l'augmentation du nombre des bémols; tandisque la quinte supérieure nécessite, alors, sa diminution.

Ainsi donc, le point essentiel, c'est d'avoir présent à la pensée,

1°. La quantité d'accidents ou de signes altératifs, nécessaires à chacun des tons des deux modes, soit que ces signes soient placés à la clef, ou dans le courant d'un morceau.

2°. De savoir en outre quels sont ceux que l'on doit rencontrer pour chacun de leurs tons relatifs, quelle que soit la place qu'ils occupent: ce que l'on obtiendra facilement par la pratique.

DE LA PONCTUATION MUSICALE.

En ce qui concerne la mélodie, les silences ne désignent pas toujours des repos; et souvent il en existe, sans qu'ils soient indiqués par des silences. Quelques auteurs ont reconnu la nécessité de placer des virgules aux endroits où ces repos doivent être pratiqués, afin de guider les élèves dans l'acte de la respiration, et les habituer à phraser correctement. ne serait-il pas plus rationnel d'adopter une ponctuation vraiment idéologique, c'est-à-dire analogue au sens des idées, dans le cours des ouvrages élémentaires et surtout des solfèges? Dès lors. le quart de cadence équivaudrait à la virgule;[1] la demi cadence. au point et virgule : les deux points exprimeraient convenablement la cadence parfaite sur des toniques accidentelles. indiquant une terminaison réellement incomplète, puisqu'elle laisse désirer une nouvelle suite d'idées finissant sur la *Tonique principale*, seule susceptible de caractériser le repos le plus complet; tandis que la cadence parfaite sur cette *Tonique*, serait représentée par le point. Les cadences évitées, rompues ou interrompues seraient désignées par les points suspensifs (....), qui ne permettraient l'emploi de la respiration. qu'autant qu'ils seraient accompagnés de la virgule.

Cette ponctuation aurait l'avantage d'habituer les élèves à apprécier exactement les diverses parties du discours musical, en leur indiquant d'une manière positive quelles sont les notes qu'ils ne sauraient séparer, sans dénaturer le sens de la mélodie, par lequel elles sont liées intimement.

[1] Les repos indiqués par les virgules, ne seront observés que par les élèves qui ont la respiration très courte.

CHANT ou IDÉES MÉLODIQUES

Parçourant les cinq tons relatifs de ʀᴀ, majeur.

1ʳᵉ DISPOSITION.

2ᵉ DISPOSITION.
rit: a tempo
complément.

3.ᵉ DISPOSITION.

DES GENRES.

On distingue trois genres; savoir, le genre *diatonique*, le genre *chromatique* et le genre *enharmonique*.

Le genre *diatonique* procède par tons et demi-tons, comme on le voit dans la gamme des deux *modes*.

Le genre *chromatique* procède par demi-tons: il est représenté par la *gamme* qui porte ce *nom*.

Le genre *enharmonique* procède par des intervalles plus petits que le quart de ton; ce dernier est le résultat de la différence qui existe entre le demi-ton *chromatique* et le demi-ton diatonique.

Le genre *enharmonique* n'est autre chose que la substitution d'une note à la place d'une autre, dont elle est supposée rendre le même son; par exemple, ut dièze et ré bémol forment ce qu'on appelle une seconde *enharmonique*. Ce genre s'emploie pour convertir un ton chargé d'une certaine quantité d'accidents, en un autre ton, représentant les accidents contraires à ceux du premier. Exemple:

DES ACCORDS

ET DE LEURS RENVERSEMENS.

Lorsque les élèves seront parvenus à distinguer exactement les intervalles simples et redoublés, sur deux sons frappés simultanément, ils pourront entreprendre l'étude des exercices suivants. Pendant la durée des silences, ils rendront compte de l'intervalle ou de l'accord dont les sons auront été frappés. A la fin de chaque exercice, ils seront questionnés sur les intervalles contenus dans chaque accord. Ces intervalles seront toujours appréciés du grave, à l'aigu. Les élèves auront encore à rendre compte de la différence qu'ils remarqueront entre les accords, et de celle qui existe entre leurs renversemens. (1)

Un accord est renversé toutes les fois que les notes qu'il contient ne sont plus en relation de tierce.

Les élèves reconnaîtront ensuite les sons contenus dans les accords suivants, après les avoir vocalisés. Toutes les fois que ces accords n'auront pas été reconnus, les intervalles qu'ils renferment seront reproduits successivement.

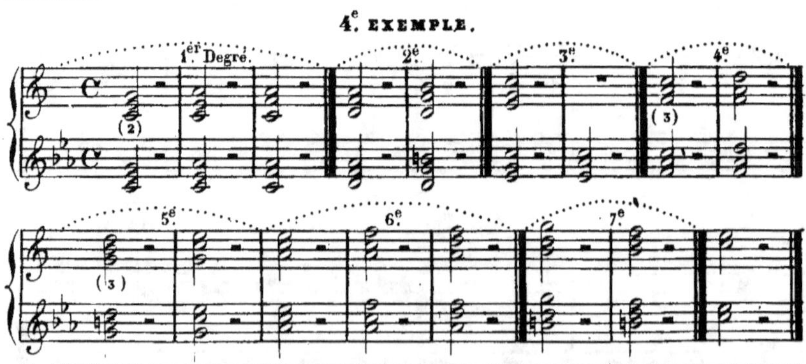

(1) Le premier renversement d'un accord contient toujours tierce et sixte; et le second, quarte et sixte.

(2) La note fondamentale d'un accord est celle qui est la plus grave lorsqu'elles sont placées en relation de tierce. Ainsi dans cet exemple, la note fondamentale du 1er accord est Ut; celle du 2e est La; et celle du 3e est Fa.

(3) Il résulte de la formation des gammes mineures que les accords des 4e et 5e degrés sont tantôt mineurs et tantôt majeurs.

N. En harmonie, l'accord de 5te diminuée et ses renversemens sont soumis à la résolution des accords dissonnants.

DISSERTATION
SUR LE DEMI-TON MAJEUR, LE DEMI-TON MINEUR, ET SUR LE COMMA.

Quelques philosophes de l'antiquité, considérant la musique comme science, la soumirent au calcul, pour la réduire en principes. Ils distinguèrent des tons majeurs et des tons mineurs. *Leur différence fut appelée comma.* Le demi-ton Diatonique ayant été reconnu le plus fort, reçut la dénomination de demi-ton Majeur; et le demi-ton chromatique, celle de demi-ton Mineur. (voyez les partimenti de Fenaroli.)

Ces distinctions très exactes en mathématiques, sont inadmissibles en pratique. L'oreille ne reconnait pas la différence des tons majeurs aux tons mineurs; tandis qu'elle apprécie fort bien celle qui existe entre un demi-ton diatonique et le demi-ton chromatique, synonyme du premier. Non-seulement cette différence existe, et peut être démontrée matériellement; mais encore elle doit être observée sur tous les instrumens susceptibles de la rendre, excepté lorsqu'ils sont associés à un instrument soumis à l'accord par tempérament.

Afin de présenter des notions positives sur la dénomination attribuée à ces deux demi-tons, et pour transmettre la différence qui existe entre eux, nous avons cru devoir en soumettre les rapports à la plus petite fraction de notre système métrique. Les sons intermédiaires étant les plus faciles à apprécier, nous avons choisi de préférence le LA de violoncelle. Cette note mise en relation avec le SI, nous a donné un ton composé de 60 millimètres. Exemple:

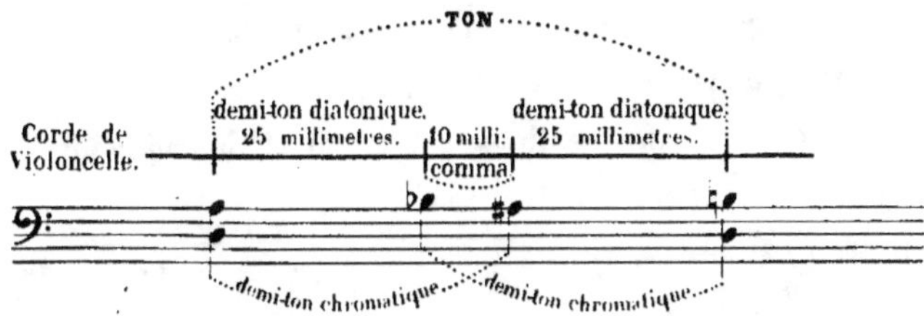

En prenant ce nombre pour base, nous avons trouvé pour le demi-ton du LA au SI *bémol*, de même que pour celui qui a lieu du SI *naturel* au LA *dièze*, une distance de 25 millimètres.

L'excédent qui existe entre ces deux demi-tons diatoniques, et qui n'appartient à aucun, reçoit la dénomination de *comma*: il contient, d'après notre base, 10 millimètres. Nous ferons remarquer qu'il est susceptible de recevoir une modification subordonnée à l'augmentation ou à la diminution du nombre de fractions contenues dans le *Ton* qui a servi d'*Unité*; et qu'il peut varier entre la cinquième et la sixième partie d'un ton, sans nuire à la justesse désirable dans l'éxécution.

Soit que l'on parte du LA pour aller au SI, ou du SI pour joindre le LA, en faisant entendre deux demi-tons, le demi-ton chromatique sera toujours le plus fort, puisqu'il absorbera les 10 millimètres du *comma*; tandis que le demi-ton diatonique, maintenu dans ses limites primitives, sera toujours le plus faible, par le motif que le bémol tend à baisser, et le dièze à monter, pour joindre des sons sur lesquels l'oreille puisse sentir un repos.

Le demi-ton chromatique doit donc être appelé demi-ton *majeur*; et le demi-ton diatonique, demi-ton *mineur*, quoique les solfèges indiquent le contraire.

Puisque l'ancienne dénomination n'est exacte que sous le rapport scientifique, elle devrait donc être proscrite de nos ouvrages élémentaires destinés à recueillir des principes basés sur des observations pratiques, plutôt qu'à perpétuer des définitions fausses dans leur application, quoi que accréditées par le temps.

Quant au comma, il n'est autre chose que la différence d'un demi-ton chromatique au demi-ton diatonique, synonyme du premier et vice versa.

Cette différence ne peut plus avoir lieu sur les instruments accordés par tempérament où la même touche sert alternativement aux demi-tons chromatique et diatonique, suivant les cas. Alors, l'exactitude apparente de l'accord consiste, principalement, dans l'unisson, et dans l'égalité approximative des demi-tons. Dans ce dernier cas, l'oreille suit naturellement les proportions qui fixent et déterminent le rapport des sons que cet accord fait entendre.

N.ᵃ Dans la pratique, le sentiment musical exige, par euphonie, que certains sons soient entendus dans des rapports très rapprochés, et repousse comme dureté l'exécution contraire. D'où il résulte que le demi-ton chromatique devient dans certains cas, presque moitié plus fort que le demi-ton *diatonique* qui se trouve réduit à peu près à un tiers de ton. Ex:

Violon.

Sonomètre.

Ce demi-ton diatonique, qui pourrait être appelé demi-ton *euphonique*, est surtout employé entre une tonique et sa note sensible: Mais toutes les fois que la septième note d'une gamme n'atteint pas la tonique, n'étant plus appelée par cette note, elle perd son caractère de note sensible, et reprend sa position vraie dans l'ordre diatonique de la gamme où elle se trouve.

N.a Ces exercices seront transposés dans tous les tons majeurs et mineurs.

En ajoutant une tierce mineure au dessus de l'accord parfait majeurs du 5.e degré d'une gamme, on obtient l'accord de 7.e dominante. Cet accord a trois ren - versemens.

En altérant ou en modifiant les intervalles contenus dans l'accord de 7.e do - minante on obtient encore de nouveaux accords de 7.es qui ont aussi leurs renverse - mens.

Une tierce placée au dessus de l'accord de 7.e dominante produit l'accord de neuvième Exemple: (lettre A)

Il existe beaucoup d'autres accords où se trouvent reproduits tous les interval - les directs ou indirects, représentant les mêmes demi-tons. Les élèves ne sauraient donc trop s'exercer à reconnaître ainsi chaque intervalle, sur deux sons frappés sépa - rement et en suite simultanément, comme étant l'exercice le plus propre à former l'oreille, et à la préparer à l'étude de l'harmonie.

CONSEILS

SUR LES ÉTUDES ULTÉRIEURES.

L'élève ayant passé successivement en revue tous les sons de la gamme primitive, en y comprenant les altérations qu'ils peuvent subir, il ne lui manque plus que la pratique et l'intelligence nécessaires pour faire l'application des notions qu'il a acquises. En conséquence, nous conseillons d'avoir recours aux soins d'un professeur qui réunisse à la pratique d'une mesure précise, le mérite indispensable d'accompagner la basse des solfèges, tout en surveillant la partie de l'élève, de manière à pouvoir l'arrêter, s'il se trompe d'intonation, et lui adresser les questions nécessaires pour qu'il puisse se corriger lui même, en remontant aux principes ci-dessus.

Mais si loin de là, il se laisse guider continuellement par un instrument, dont il ne sera en quelque sorte que l'écho, *il se soumet à une routine préjudiciable à ses progrès.*

Après avoir travaillé les ouvrages mentionnés dans notre plan d'étude (voyez l'instruction, page 15) l'élève sera en état d'entreprendre la méthode de chant de Mr Garaudé, celle de Panseron, et celle du conservatoire. Leur usage bien dirigé formera la voix, et lui donnera la fléxibili e dont elle sera susceptible.

Tout ce qui a rapport au goût et à l'art du chanteur, est le partage exclusif des vocalises ou méthodes de chant, trop souvent négligées ou confondues avec les solfèges.

Traité

DE

LECTURE

Musicale,

soumise

à

LA MESURE.

AV

INSTRUCTION,

ou

MODE D'ENSEIGNEMENT,

Destiné à la pratique

DU TRAITÉ DE LECTURE.

Les notions préliminaires relatives au nom des notes sur les différentes clefs étant développées dans le Traité des Intervalles, nous en recommandons l'étude. Une fois ces connaissances acquises, et lorsque les élèves seront parvenus au N.º 11, ils pourront s'occuper du Traité de Lecture. Quoiqu'il en soit, nous ferons remarquer que l'enseignement le plus complet, et par conséquent le plus profitable, serait celui qui aux exercices simultanés du Traité de Lecture, et de celui des intonations, joindrait encore la pratique du Piano, parcequ'elle contribuerait à former plus promptement les organes des élèves à l'intelligence des sons, dont les rapports leur seraient démontrés.

Le professeur fera l'explication des valeurs contenues dans chaque tableau, et s'assurera que chaque élève les a parfaitement comprises. Il les exercera spécialement sur la manière de battre la mesure, de la diviser exactement, et d'en marquer tous les temps sans hésitation et par un geste rapide. Au surplus, les élèves règleront leurs mouvements sur ceux du professeur, qui battra la mesure d'une main; tandis que, de l'autre, il aura soin d'en subdiviser tous les temps, jusqu'à la croche et quelquefois la double croche, suivant la nature de la mesure, sa lenteur ou sa rapidité. (1)

Il n'y a d'exception qu'à l'égard des triolets de noires, dans la mesure à 2 temps; et pour les triolets de croches, dans la mesure à $\frac{2}{4}$.

Il est essentiel que les élèves s'accoutument dès les premières leçons à faire eux-mêmes l'application des principes ci-dessus, sans que le professeur soit obligé de les conduire en nommant les notes. Il faut encore qu'ils contractent l'habitude de se rendre compte de l'analogie, et des rapports, qui existent entre les valeurs contenues dans les mesures dont les portées sont réunies par la même accolade.

(1) Les exercices de ce traité seront lus par chaque élève séparément et alternativement, mesure par mesure.

Afin d'éviter la fatigue qui résulterait inévitablement de ces exercices, si les élèves soutenaient la voix pendant toute la durée des notes, ils se borneront à les nommer sur les diverses parties des temps auxquelles elles se rapportent: ils prendront en outre, pour cette lecture, le ton et l'accent ordinaire de la conversation.

Chacun des exercices contenus dans ce traité sera parcouru de deux manières alternativement: D'abord, tels qu'ils sont écrits; et en second lieu, en supposant la clef de FA à la place de la clef de SOL.

Lorsque nos exercices auront été parcourus de cette manière, il faudra les recommencer, en ne battant plus que les temps de la mesure qui aura été désignée au commencement de chaque numéro.

Ces explications s'appliquent pareillement aux ouvrages suivants, qui seront successivement étudiés.

1°. La première partie du solfège de Catrufo.

2°. La première partie de celui de Garaudé.

3°. La première partie de celui de Massimino.

4°. La deuxième partie de celui de Catrufo.

5°. La deuxième partie de celui de Garaudé.

Les solfèges d'Italie et ceux du conservatoire pourront pareillement être parcourus, en suivant une gradation convenable.

Lorsque les élèves seront arrivés à la pratique de ces divers ouvrages, il sera fort utile de les habituer à passer alternativement d'une partie à l'autre, toutes les fois que la disposition des valeurs le permettra.

EXERCICE JOURNALIER.

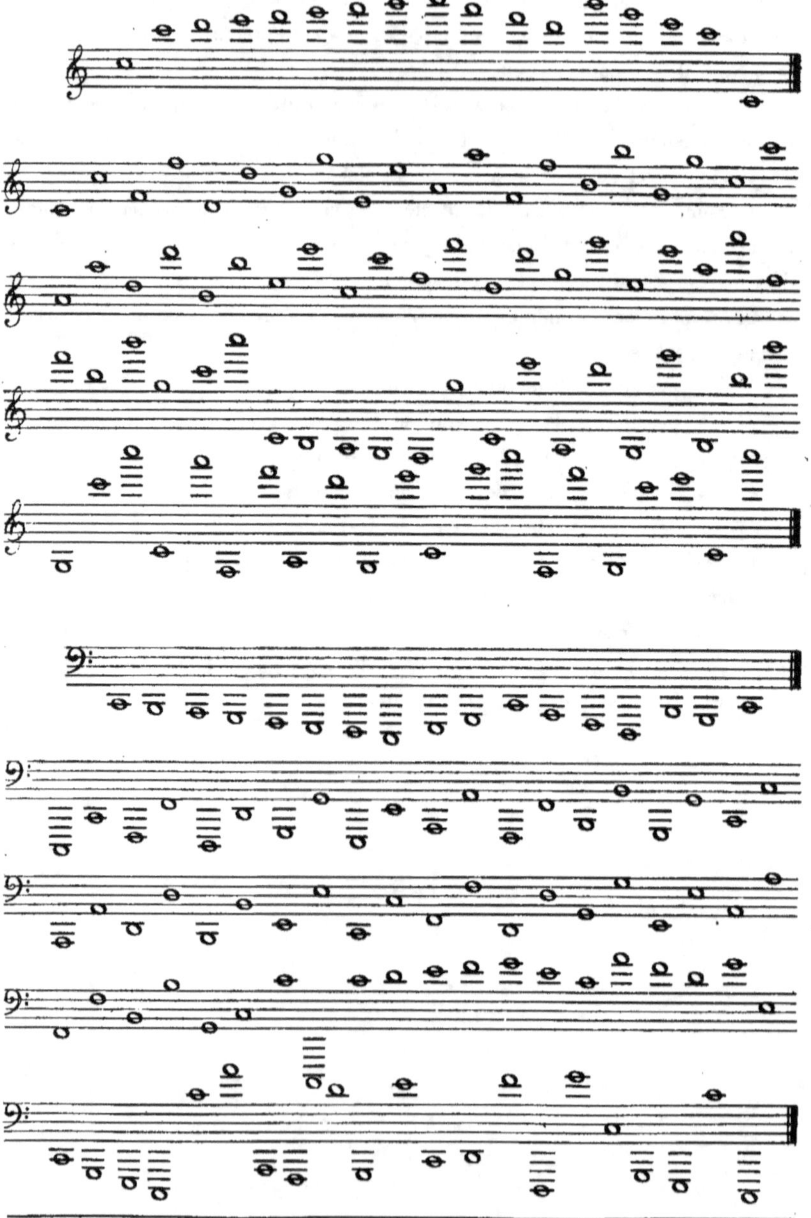

(1) Les élèves liront ces deux exercices dans un mouvement lent, qui devra atteindre progressivement la plus grande vitesse. Ils remarqueront que les deux Ut à l'aigu en clef de Sol, et les deux Ut au grave, en clef de Fa, exigent en sens inverse et proportionnément le même nombre de lignes supplémentaires.

TRAITÉ DE LECTURE MUSICALE,
SOUMISE À LA MESURE

DE LA VALEUR DES NOTES ET DES SILENCES.

Les notes ont une durée plus ou moins longue, qui est représentée par ce qu'on appelle valeurs. Savoir: la *ronde*, la *blanche*, la *noire*, la *croche*, la *double-croche*, la *triple-croche*, et la *quadruple-croche*. Exemple 1.

N.º 1.

L'on aura sans doute remarqué qu'entre les sons, il existe souvent des repos, dont la durée est également variable. Ces repos ont aussi des caractères qu'on appelle valeurs des silences. Savoir: la *pause*, la *demi-pause*, le *soupir*, le *demi-soupir*, le *quart de soupir*, le *huitième de soupir* et le *seizième de soupir*. Exemple 1.

DE LA MESURE.

Les valeurs des notes et celles des silences sont soumises à des proportions qui constituent ce qu'on appelle *mesure*. Toutes les valeurs qui appartiennent à la même *mesure* sont renfermées entre deux lignes verticales, qui traversent toute la portée. (voyez le N.º 1.)

Chaque *mesure* se divise en plusieurs fractions appelées *temps*, dont la quantité est toujours indiquée au commencement de chaque morceau et après la clef, savoir: la mesure à quatre temps, par un 4. ou par un **C**; la mesure à trois temps, par un 3; et la mesure à deux temps, par un 2, ou par un **C** barré. (voyez le N.º 2.)

Il existe d'autres mesures qui dérivent de celles-ci, et dont on se rendra compte en remarquant que les chiffres supérieurs désignent la quantité des valeurs nécessaires à leur formation; et les chriffres inférieurs, la quantité qu'il faudrait de ces mêmes valeurs pour composer une mesure à quatre temps. Les plus usitées sont: la mesure à *six-huit* ($\frac{6}{8}$ c'est-à-dire six pour huit, dans la mesure à quatre temps), et la mesure à *deux-quatre* ($\frac{2}{4}$ c'est-à-dire, deux pour quatre), qui renferment deux temps.

La mesure à *trois-quatre* ($\frac{3}{4}$ c'est-à-dire trois pour quatre), et la mesure à *trois-huit* ($\frac{3}{8}$ c'est-à-dire trois pour huit.)

La mesure à *neuf-huit* ($\frac{9}{8}$ c'est-à-dire neuf pour huit), qui contient *trois temps.*

Et enfin, la mesure à *douze-huit* ($\frac{12}{8}$ c'est-à-dire douze pour huit), formée de *quatre temps.*

Chaque temps de la mesure se marque par un mouvement de pied, ou de main. [1]

DES VALEURS SOUMISES À LA MESURE.

La durée respective de la valeur des notes est déterminée de la manière suivante:

Pour la mesure à *quatre* ou à *deux temps,* il faut une *ronde* ou *deux blanches,* ou *quatre noires,* ou *huit croches.* Exemple:

N.º 2.

Les valeurs des silences correspondent aux valeurs des notes, ainsi qu'il suit: le repos représenté par la *pause* est égal à la durée du son, représenté par la *ronde;* la *demi-pause* vaut la *blanche;* le *soupir,* la *noire;* le *demi-soupir,* la *croche;* et le *quart de soupir,* la *double croche.*

[1] Dans la mesure à 4 temps, la main frappe le 1.er temps; pour le 2.^d elle se dirige horisontalement à gauche; dans le 3.e horisontalement à droite; et pour le 4.e elle prend une direction ascendante et perpendiculaire. En retranchant le 2.^d temps de cette mesure, ces indications deviennent applicables à la mesure à 3 temps. Dans la mesure à 2 temps, le 1.er temps se marque en frappant, et le 2.^d en levant.

N°3.

N°4.

(1) Lorsque plusieurs notes du même nom seront réunies par la *Liaison*, on nommera seulement la première; et les autres seront subordonnées à la valeur qui leur aura été attribuée dans la mesure.

(2) Les battemens correspondront à la huitième partie de la ronde, c'est-à-dire à la croche. Les élèves fixeront sans cesse leur attention sur le nombre des battemens, pour chaque temps de la mesure, qu'ils ont pour but de régulariser, et sur le rapport de ces battemens aux valeurs de chacun de ces temps.

DU POINT D'ACCROISSEMENT.

L'usage du point, placé après une note, a pour but d'en augmenter la valeur de la moitié de sa durée réelle; de sorte que le point, après une ronde, donne à cette note la même durée que si elle était suivie d'une blanche placée sur le même degré, et avec laquelle elle serait unie par un trait de liaison. Exemple:

Nº 7.
Nº 8.

N°9.

N°10.

DES SYNCOPES.

Les notes reçoivent quelquefois des dispositions tel_
les, que la première moitié de leur valeur appartient à un temps, et
l'autre moitié, au temps suivant. Ces sortes de combinaisons se nom_
ment *syncopes*.

Nous ne saurions prévenir trop tôt les élèves d'éviter l'usage vicieux, et presque généralement répandu de soumettre la note *syncopée* à une nuance particulière, ou à un genre d'éxécution qui consiste à diviser, en deux parties, le son de la note qui la produit,
comme pour faire apprécier le passage d'un temps à un autre temps,
ou d'une mesure à une autre. Cette éxécution, tout-à-fait burlesque,
est d'autant plus vicieuse qu'elle fait sentir à l'auditeur les différentes fractions de la mesure, qui ne sont pas autre chose que des
moyens d'analyse qu'on doit lui laisser ignorer complètement, pour
ne lui présenter que les résultats. Si l'élève n'a pas tout l'aplomb
nécessaire pour éxecuter la syncope convenablement, il faut qu'il
y soit amené par d'autres moyens que ceux-là, parcequ'il est
absurde de faire sentir deux notes, là où il n'y en a qu'une. Après
avoir attaqué le son de la note syncopée, on devra donc le soute-
nir, sans aucune espèce de saccade ou de secousse, quelle que soit
sa durée. Exemple:

N.º 12.

DU DOUBLE POINT D'ACCROISSEMENT.

Lorsque deux points se succèdent, le second a une valeur moitié plus brève que le premier. Exemple:

DE LA MESURE À DEUX QUATRE.

Pour la mesure à $\frac{2}{4}$ il faut une blanche, ou deux noires, ou quatre croches, ou huit doubles croches. Exemple:

(1) Voyez le N.° de la page 90.

N° 17

N°18

N.º 19.

N.º 20.

DE LA MESURE À TROIS TEMPS.

Dans la mesure à *trois temps*, marquée par un 3 ou par un $\frac{3}{4}$, il faut une blanche et une noire, ou trois noires, ou six croches. Ex:

(1) Voyez le N.º de la page 90.

N.° 23.

N.° 24.

N.º 25.
N.º 26.

DE LA MESURE À TROIS HUIT.

Pour la mesure à *trois huit* il faut *une noire* et *une croche*, ou *trois cro*ches, ou *six doubles croches*, ou *douze triples croches*, Exemple:

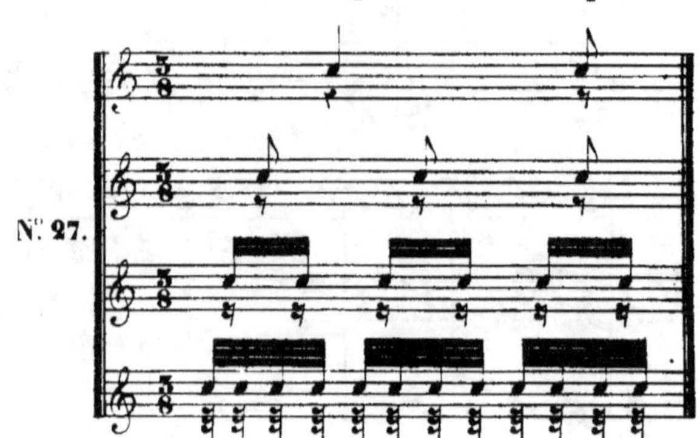

N.º 29.

N.º 30.

N.º 31.
N.º 32.
N.º 33.(¹)

(1) A partir du N°. 33, tous les exercices à 2/4 seront pratiqués à quatre temps et à deux alternativement, excepté les N°.s 37 et 86, qui ne le seront qu'à 3 temps.

N.º 35.
N.º 36.

N.º 37.

N.º 38.

Nᵒ 39.

N.º 40.

DE LA MESURE À SIX-HUIT.

Pour la mesure à *six-huit* il faut *six croches,* ou *deux noires* et *deux croches,* ou *douze doubles croches.* **Exemple:**

N.º 41.

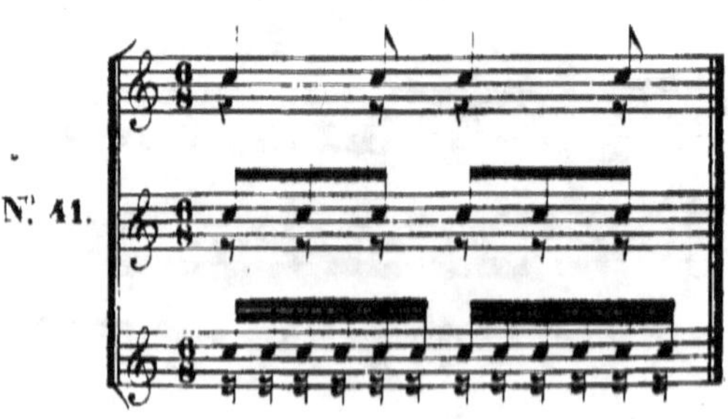

N.º 42.
N.º 43.
N.º 44.

DE LA MESURE À DOUZE-HUIT.

Pour la mesure à *douze-huit*, il faut *douze croches*, ou *quatre noires* et *quatre croches*, ou *vingt quatre doubles croches*. **Exemple:**

N.º 45.

N.º 46.

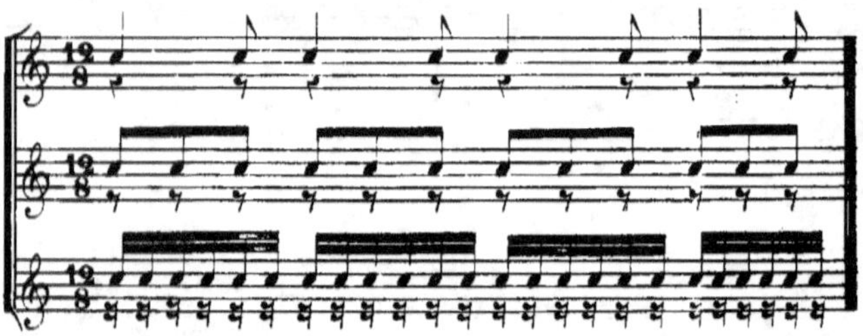

Nº 47

N.º 48.

DE LA MESURE À NEUF-HUIT.

Pour là mesure à *neuf-huit,* il faut *neuf croches,* ou *trois noires et trois croches,* ou *dix-huit doubles croches.* Exemple:

N.° 49.

N.° 50.

N.º 51.

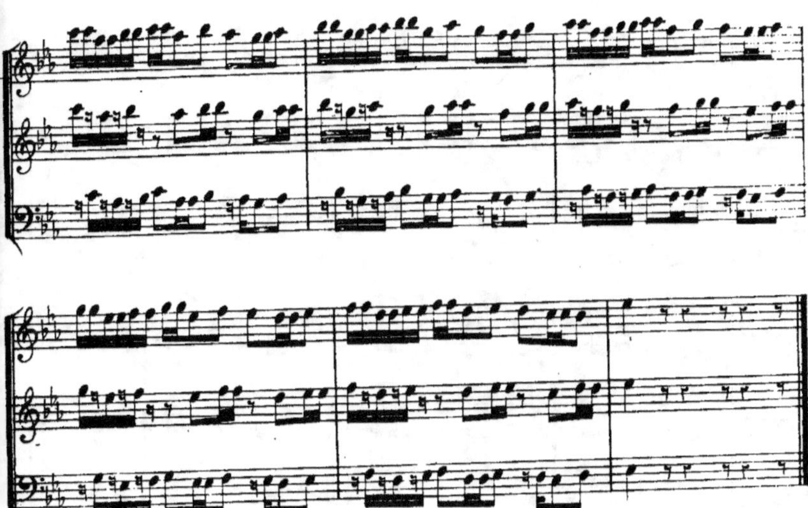

EXCEPTIONS. (1)

Quelquefois la noire vaut les deux tiers de la blanche, au lieu d'en valoir la moitié : il en est de même de la croche, à l'égard de la noire ; et de la double croche, à l'égard de la croche. Cette combinaison reçoit la dénomination de *triolet*, c'est-à-dire trois pour deux. La valeur du point et celle des silences sont susceptibles de participer à cette modification. Exemple :

N.º 52. (2)

(1) Avant d'entreprendre les exercices suivants, tous les N.ºˢ depuis 3, jusqu'à 51 seront revus successivement.
(2) Dans la mesure à deux temps, marquée par un 2 ou par un ₵, il ne sera frappé que quatre battemens.

N.º 53.

N.º 54.

N.º 55.

N.º 56.

N.° 57.

N.º 58.

N.º 59.

60.

N.º 61.

N.º 62.

N.º 63.
N.º 64.

N.º 65.

N.° 66.

67.

N.º 68.

N.º 69.

N.° 70.

N.º 71.

N.º 72.

N.° 73.
N.° 74.

N.º 75.
N.º 76.

N.° 77.

N.º 78.

N.º 79.

N.º 80.

N.º 81.

N.º 82

N.º 83.

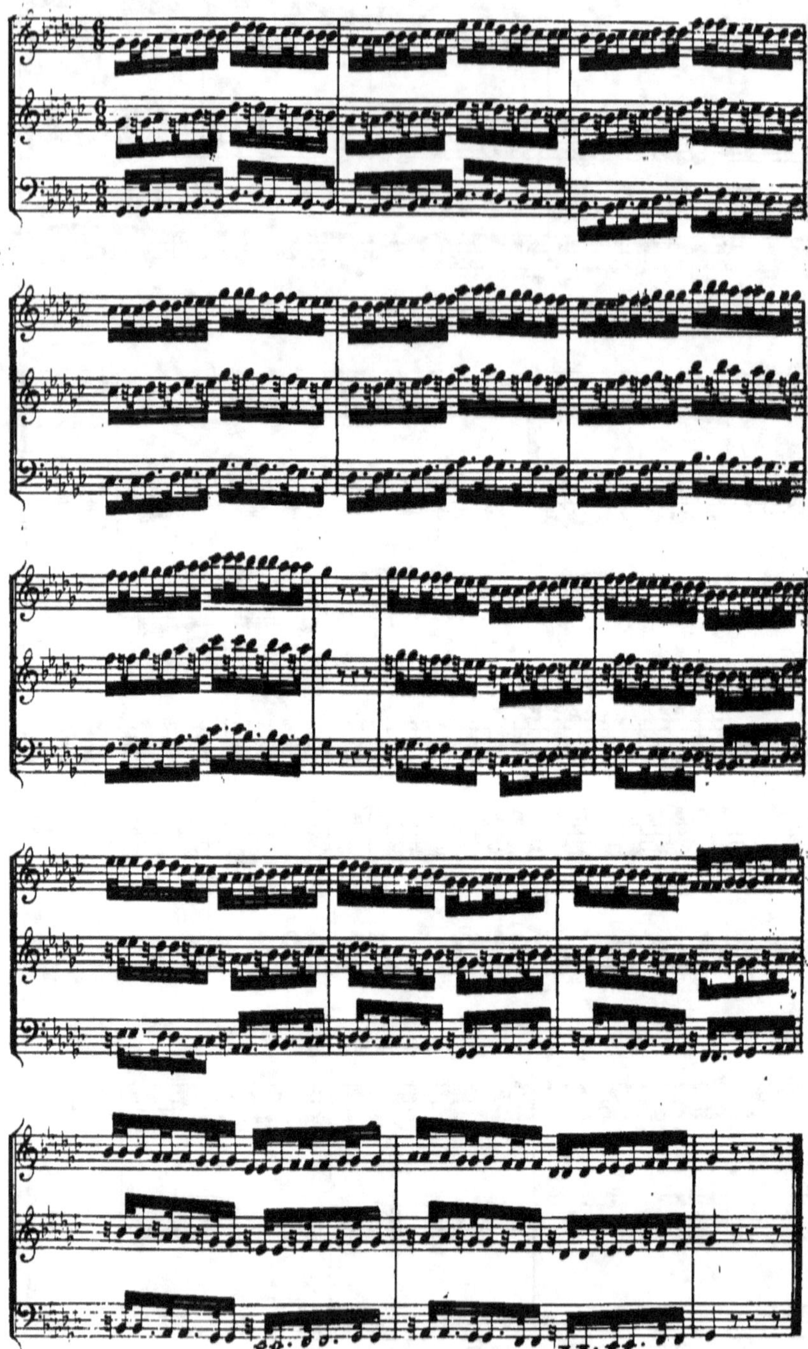

85.

N.° 86. (*)

N.° 87.

(*) Ce N.° ne sera pratiqué qu'à deux temps.

88.

N.° 89.

N. 90.

N.° 91.

N.º 93.

N.º 94.

No. 95.

DES NOTES D'AGRÉMENT.

Les notes d'agrément sont écrites en petits caractères, et n'ont pas de valeur réelle dans la mesure, en ce sens qu'il serait possible de les supprimer, sans que celle-ci en fut altérée. Elles n'ont donc qu'une valeur factice qu'elles empruntent aux notes qui composent réellement la mesure, et qui perdent en valeur ce qu'on en retranche pour celle-ci. Cette manière de représenter les sons est non seulement inexacte, mais d'autant plus désavantageuse que la plupart des exécutans ne s'entendent pas sur la manière de les exprimer. Cependant, dans la musique d'ensemble et dans les passages entre deux parties principales, il devient de toute nécessité de les rendre de la même manière; sinon, tout leur effet est complètement détruit.

DES APPOGIATURES.

L'appogiature simple est une petite note sur laquelle on appuie, ou l'on fixe la voix. Elle altère toujours la note qui la suit, de la moitié de sa valeur. Placée au dessus de celle-ci, elle forme avec elle soit un ton, soit un demi-ton: Tandis que lorsqu'elle est placée au dessous de celle-ci, elle en est toujours séparée par un demi-ton.

L'appogiature placée au dessus de la grande note, doit être articulée plus fortement que celle qui est située au dessous de celle-ci Exemple:

(¹) Voyez l'article de la ponctuation musicale.

N.º 97. Andante
N.º 98.

Lorsque l'appogiature est placée devant une note pointée, elle ne prend qu'un tiers de la valeur de la grande note, à moins que celle-ci ne soit une note finale. Dans ce dernier cas elle en prend les deux tiers. Exemple:

N.° 99.

N.° 100.

La petite note brève est toujours traversée par un trait. Elle diffère de l'appogiature simple en ce qu'elle n'influe que le moins possible sur la durée de la grande note qui la suit. Exemple:

Nº 101. Allegretto

N.º 102. Allegretto.

Les petites notes placées à tout autre intervalle que celui de seconde, reçoivent la dénomination de *Portamenti* (Ports de voix.)

La double appogiature est composée de deux petites notes, placées soit avant, soit après la grande note, sur la valeur de laquelle elles empruntent leur durée. Il serait beaucoup plus exact de les appeler *demi - Gruppetto* (demi grouppe), puisqu'elles servent à orner un chant, et qu'elles sortent du véritable caractère de l'appogiature. Pour les exécuter convenablement, il faut glisser légèrement sur ces deux petites notes, dont la première sera cependant plus accentuée. Exemple :

Nᵒ. 103.

N.º 104.

N.º 105.

DU GRUPETTO.

Le Grupetto (Groupe) est la réunion de plusieurs petites notes, placées soit avant, soit après une grande note. Son éxécution
porte le caractère de la vitesse et de la légèreté. La première
de ces petites notes doit toujours être articulée plus fortement
que celles qui la suivent, et former avec la troisième une tierce
mineure ou diminuée.

Quand le Grupetto est employé avant la note sur laquelle il
prend sa valeur, il est moitié plus bref, qu'après celle-ci: Ainsi,
lorsque le Groupe est composé de trois notes placées avant une noire, il représente un triolet de triples croches. Exemple:

N.° 106.

Avant une croche, ces trois petites notes valent un triolet de quadruples croches. Exemple:

N.º 107.

Après une noire, le Groupe de trois notes produit l'effet d'un triolet de doubles croches. Exemple:

N.º 108.

Après une croche, les trois notes du groupe ne valent qu'un triolet de triples croches. Exemple:

N.º 109.

Les trois notes de Groupe sont souvent remplacées par le signe suivant (∾), sans y comprendre la prolongation du point, donnant lieu à la répétition de la note qui le précède. Exemples:

(1) Nous conseillons d'apprendre par cœur quelles sont les notes que le signe du groupe représente dans les N.ºˢ 110, 111 et 112.

Toutes les fois que ce signe n'est pas accompagné du point, il représente quatre notes, qui enlèvent à celle qui le précède la moitié de sa valeur. Exemples:

Nº 112.

Nº 113.

Dans tous les cas, il est de rigueur de lier le son des petites notes et des Groupes à celui des notes dont ils abrègent la durée.

DES SIGNES ACCESSOIRES.

Lorsque les sons de deux ou de plusieurs notes doivent être réunis, cette union est indiquée par une ligne courbe, appelée liaison. Ex:

Quand la liaison est placée sur des notes portant le même nom,
la première seulement est articulée; et le son se prolonge sur la valeur des autres. Ex:

Lorsque deux sons brefs doivent être entendus séparément et dans
toute leur durée, les notes sont surmontées de *points*, qui indiquent
qu'il faut les exécuter de cette manière. Ex:

N° 116.

Quelquefois lorsqu'on veut que l'exécution des notes produise des
sons plus brefs que ne l'indiquent les valeurs qui les représentent, on
surmonte les notes d'un *point allongé*, dont la forme se rapproche de
celle de la virgule. Ce moyen est employé assez souvent, dans le but
d'abréger le travail des copistes. Ex:

DU RENVOI.

Le renvoi (§) est un signe qui se place au dessus de la portée,
et qui a pour but d'avertir qu'il faut retourner à l'endroit où il se trouve placé en premier lieu. Il est souvent accompagné des mots *da
capo* qui signifient au commencement; lorsqu'on y ajoute *al segno*, ils
indiquent qu'il faut retourner au signe.

DES REPRISES.

Indépendamment des lignes verticales qui désignent les mesures, on rencontre quelquefois des lignes plus apparentes, qui indiquent ce qu'on appelle des *reprises*. Les points que l'on place devant ces lignes avertissent qu'il faut reprendre aux points qui leur correspondent.

DU POINT D'ORGUE.

Le point d'orgue (⌢) et le point d'arrêt ont pour but d'arrê-ter ou de suspendre la mesure. Cette suspension est indiquée par un point, surmonté d'une ligne courbe, et se place soit sur les notes, soit sur les silences. Dans ce dernier cas, il est plus spécialement nom-mé point d'arrêt. Ex: id:

DE L'ACCOLADE.

L'accolade est une barre perpendiculaire qui réunit plusieurs porteés, pour indiquer les rapports que les parties présentent dans l'exécution.

DES ABRÉVIATIONS.

Le trait d'abréviation est simple, double ou triple. Le trait *simple* indique toujours le nombre de croches correspondant à la valeur de la ronde, de la blanche ou de la noire, sur laquelle il agit. Ex:

---

(1) Cet exemple présente une exception aux règles ordinaires de la respiration. Quoi qu'elle soit indi-quée au dessus du Sol, elle doit être prolongée jusqu'au Fa naturel, inclusivement; parceque le son des deux dernières notes est joint à celle-ci, par l'effet du premier point d'orgue, qui ne permet pas de les séparer. (Voyez les vocalises.)

N.° 117.

Lorsque deux blanches sont réunies par le trait *simple*, elles représentent la disposition alternative de quatre croches, qu'elles remplacent. Exemple id:

Quand le trait *simple* est placé sur une croche, celle-ci représente deux doubles croches. Exemples id:

Les traits doubles et triples suivent exactement les mêmes proportions dans l'indication des valeurs qu'ils représentent. Exemple:

N.° 118.

Ces abréviations peuvent être accompagnées du point, qui produit toujours son effet. Exemple:

N.° 119.

Les barres transversales suivantes indiquent la répétition des mêmes notes. Il n'en faut qu'une pour designer des croches; et deux, pour remplacer des doubles croches. Exemple:

N.º 120.

Les silences qui excèdent les valeurs de la mesure sont le bâton de deux mesures et celui de quatre mesures. Exemple:

DES MOUVEMENTS.

Les différents *mouvements* de la mesure sont indiqués par des termes Italiens, susceptibles de recevoir la classification suivante, qui contient l'ordre progressif dans lequel ils peuvent être présentés, en commençant par le plus *lent*, et en finissant par le plus *vif.* Nous allons donner la nomenclature des plus usités.

MOUVEMENTS LENTS.

Largo	Largement.
Larghetto	Un peu moins large.
Lento	Lent.
Grave	Avec Gravité.
Adagio	Lent avec noblesse.
Cantabile	Avec aisance.

MOUVEMENTS MODÉRÉS.

Maestoso	Majestueusement.
Siciliano	Mouvement de sicilienne.
Andantino	Allant moins (diminutif d'Andante.)
Andante	Allant.
Tempo di Marcia	Mouvement de Marche.
Allegretto	Un peu moins gai qu'Allegro.

(1) Voyez les observations mentionnées au 3.e paragraphe de la page 131.

Allegro Moderato (all.° mod.°) .... Animé modérément.

Allegro (all°) .... Animé.

Allegro assai .... Très Animé.

Allegro vivace .... Gai et Vif.

Presto .... Vite.

Prestissimo .... Très vite.

Quelquefois ces expressions sont encore accompagnées des mots suivants: *più mosso* (plus vite), *agitato* (agité), *con brio* (avec éclat), *Scherzando* (en plaisantant), *ad libitum* ou *à piacere* (à volonté), *colla parte* (avec la partie), *colla voce* (avec la voix), *à tempo* (au premier mouvement).

DES NUANCES.

Les nuances sont également indiquées par des mots italiens dont voici la signification:

*Piano (**p**)* .... Faible.

*Pianissimo (**pp**)* .... Très faible.

Dolce (dol:) .... Doux.

Crescendo (cresc:) .... En croissant.

Decrescendo (decresc:) .... En décroissant.

*Forte (**f**)* .... Fort.

*Mezzo-forte (**mf**)* .... Demi fort.

*Fortissimo (**ff**)* .... Très fort.

Sforzando ou rinforzando (s.f. ou rinf.) .... En renforçant subitement.

Smorzando ou diminuendo⎫
⎪ .... En diminuant le son peu à peu.
Calando ou Perdendosi ⎭

Mezza voce ou sotto voce .... à demi voix.

Au surplus, quelque nombreuses que soient ces expressions, elles ne sont pas les seules employées, surtout dans la musique moderne. Ceux qui voudront en avoir des notions exactes, feront très bien d'avoir recours au dictionnaire de musique de M. Moréali ou à la méthode de chant de M. Panseron, qui en contient un extrait.

La progression croissante et décroissante des sons est encore indiquée de la manière suivante. Ex:

N.° 120. **PP** ——————— *cresc:* **ff** *decrescendo* ——————— **PP**

OBSERVATIONS GÉNÉRALES.

Il ne suffit pas d'apprécier à l'aide de la réflexion un intervalle quelconque ou de se rendre compte de la division et de la subdivision des temps de la mesure; ce ne sont là que les premiers essais: Il faut, par la pratique bien dirigée de l'une ou de l'autre de ces conditions, acquérir l'habitude de lire les caractères, et d'en exprimer les sons et les valeurs, eu égard aux mouvements déterminés, sans éprouver plus d'embarras que n'en présentent les caractères qui servent à exprimer les mots; car, de même qu'on à commencé à ne voir les lettres que les unes après les autres, pour en venir ensuite aux mots entiers, de même aussi on ne commence à observer les notes que successivement; après quoi l'on finit par remarquer, non seulement, toutes celles d'un temps ou même d'une mesure, mais encore celles de plusieurs mesures à la fois; comme le lecteur apperçoit en même temps toutes les lettres contenues dans une ligne, sans fixer ses regards sur quelques unes isolement.

Quel que soit le degré de force auquel on sera parvenu, toutes les fois que l'on se trouvera embarrassé par la lecture de quelque trait ou de quelque combinaison, nous conseillons de recourir aux moyens à l'aide desquels on aura franchi les premières difficultés; car on peut être persuadé, qu'en toutes choses, il n'y a pas d'obstacles qui ne cèdent aux moyens de l'analyse et du raisonnement.

Nous ne saurions surtout trop recommander de suivre le plan d'études que nous avons adopté; c'est-à-dire, d'exercer chaque partie isolément, avant de les pratiquer conjointement: c'est, selon nous, le seul moyen d'arriver promptement, sans qu'on ait à craindre de fatiguer les organes, quelque faibles qu'ils soient. On ne saurait en cela prendre trop de précautions; Car la fatigue est un écueil que le chanteur doit redouter tout autant que celui qui cultive un instrument à vent. Un exercice forcé, ou trop longtemps prolongé, détermine vers les parties mises en mouvement, une inflammation que les moindres circonstances favorisent ou développent par la suite, et nous avons la triste expérience qu'un zèle outré, une ardeur démesurée ont ravi à plus d'un artiste le juste tribut de ses peines.

CONCLUSION.

Puisque l'étude musicale a pour objet de développer l'intelligence des sons, et des valeurs mesurées à l'aide desquels on les reproduit ou les remplace, on doit en tirer la conséquence que toutes les fois que l'on travaillera hors de ces deux conditions, c'est-à-dire, sans avoir égard à la stricte observation des différentes parties de la mesure, aux rapports intimes des sons, et sur des instruments qui ne seront pas d'accord, et qui s'opposeront à ce qu'ils soient entendus avec toute la justeste possible, le résultat que l'on obtiendra sera borné à la connaissance du mécanisme de l'instrument et à la dexterité dans les doigts; sans que l'intelligence musicale puisse jamais se développer par l'emploi de semblables moyens.

CONSEILS

ADRESSÉS SPÉCIALEMENT

AUX PERSONNES QUI N'ONT POINT DE PROFESSEUR.

Les notions musicales traitées dans cet ouvrage se réduisent à trois points principaux; savoir, la connaissance des Intervalles, l'appréciation des sons, et la lecture des Caractères mesurés. Désirant en rendre l'étude accessible et profitable aux personnes privées des soins toujours utiles d'un professeur, nous leur recommandons, 1.° de ne rien apprendre imparfaitement, et de n'arriver jamais à une difficulté nouvelle, qu'à l'aide d'une difficulté vaincue. (1)

2.° En ce qui concerne les Intervalles, notre classification mérite une attention toute particulière, puisqu'elle présente le moyen de reconnaître très facilement la différence qui les caractérise.

3.° L'appréciation des sons est d'autant plus importante que sans elle la connaissance des Intervalles ne serait d'aucune utilité pour le chant. Ce n'est que par leur secours mutuel que l'on parvient à vaincre, en peu de temps, les difficultés de l'intonation.

Il est donc absolument essentiel de se livrer à la comparaison

(1) Toutes les fois que la signification d'un mot paraîtra douteuse, nous conseillons d'avoir recours à un dictionnaire Fr.

des sons. Il faudra faire en sorte de profiter des observations mentionnées dans l'instruction du premier traité. Nous recommandons d'insister longuement sur les Intervalles de secondes majeure et mineure, afin d'arriver à les différencier exactement.

4.° Quant à la lecture des Caractères soumis à la mesure, elle sera faite mentalement, ou à voix basse. Il faudra, surtout, s'appli -
quer à la subdivision des temps par huitième; et observer le plus
de précision et d'égalité possibles entre ces battemens, qui doivent
coincider régulièrement avec les temps simples des mesures. (Voyez
l'instruction du traité de lecture, page 86.

5.° Afin de rendre les N.°.° 17 et suivants plus faciles, nous conseillons de faire usage d'un instrument avec lequel on puisse vérifier commodément l'exactitude des intonations; et se maintenir ensuite dans la justesse, à l'aide de quelques notes prises isolément,
lorsque l'on sera parvenu à la pratique des solfèges. Après le
piano, la guitare mérite, à notre avis, la préférence. Il suffira
d'avoir sur un de ces instrumens, les notions suivantes. (Voyez les
pages 181, 182 et 183.

6.° Pour n'avoir rien à craindre de la pratique anticipée, ou trop
prolongée des exercices sur les intervalles *Indirects*, nous conseil -
lons de ne les émettre qu'en faisant entendre le son ouvert de la
préposition à (car il faut éviter de donner à la voix un timbre voi-
lé [1]), et de continuer à nommer les notes, en chantant les intervalles
Directs. Le rapport résultant de ces deux moyens d'exécution rendra
facilement les intonations indépendantes du nom des notes. Cette indé-
pendance servira plus tard à joindre les paroles au chant.

7.° Lorsque l'on sera parvenu à l'article des Genres, et que les
exercices mentionnés à la page 82 auront été pratiqués, il faudra revenir au N.° 11, le chanter à voix basse, sans nommer les notes; et
continuer ainsi jusqu'à la fin du traité des intervalles. Nous engageons, surtout, les personnes qui ont à redouter la fatigue, de ne pratiquer les solfèges que de cette manière (en ce qui concerne l'intonation); et de reserver leur voix pour cultiver spécialement les vocalises, qu'elles pourraient entreprendre quelques mois après notre méthode.

---

(1) Les Méthodes de chant recommandent de tenir le corps droit et immobile, de ne remuer au-
cunement le menton, la langue, ni les lèvres, et de donner au visage un aspect gracieux et souriant.

(2) Ce plan d'étude serait d'autant plus avantageux que les Méthodes de chant présenteraient aux élèves les moyens d'éviter certains défauts trop souvent engendrés par une mauvaise direction donnée à la pratique des solfèges.

8.° Après avoir chanté une leçon de solfèges, comme nous venons de l'indiquer, il serait encore fort utile de s'exercer à la vocaliser mentalement. Cette exécution mentale peut être d'un très grand secours, en maintes circonstances. Elle consiste à se représenter deux sons équivalens à ceux que l'on ferait entendre, sans nommer aucune note. C'est l'imitation exacte de la lecture, sans proférer un seul mot. Pour se rendre compte de l'exactitude du rapport de l'intervalle aux sons comparés, il suffira de vérifier le nombre de notes diatoniques qu'ils peuvent contenir. (¹)

9.° Beaucoup de personnes ne retirent aucun résultat de leurs études musicales, par le seul motif qu'elles n'ont point été dirigées dans un ordre progressif et méthodique, et qu'elles ont négligé les moyens convenables pour vaincre promptement les difficultés, en accordant une préférence exclusive à des exercices plus agréables qu'utiles. Ces motifs nous ont engagé à présenter les observations suivantes.

En ce qui concerne les vocalises, il sera fait, chaque jour, deux séances de quinze à vingt minutes au plus. Il faudra d'abord insister sur les sons filés, en visant à obtenir la pureté dans l'attaque, ou l'émission des sons, et une égalité irreprochable dans le timbre de la voix, dont ils développeront la puissance, en augmentant le domaine de la respiration. L'étude du Portamento est indispensable pour apprendre à porter et à lier les sons. Viendront ensuite les exercices sur le groupe, le trille, et les traits ou roulades. Alors, il faudra répartir entre ces divers points le temps destiné à la vocalisation. La première séance comprendra les sons filés, le portamento, et le trille; la seconde, le trille, le groupe, et les traits ou roulades. Ces exercices seront continués sans interruption, jusqu'à ce que l'on ait atteint le plus haut degré de vitesse et de légèreté. Pour y arriver, en conservant la pureté dans l'attaque ou l'emission des sons, il faut exercer très lentement les passages qui présentent ces difficultés; les recommencer plusieurs fois de suite, séparement, et à différentes reprises, en accélérant le mouvement à mesure que les facultés se développent; et surtout, ne jamais perdre de vue que tous les sons doivent toujours être entendus très

(1) La voix étant essentiellement destinée à transmettre les impressions reçues par les sens, il devient tout-à-fait

distinctement, lors même qu'ils seraient liés. [1] Nous recommandons, pour tous ces exercices, une attention soutenue, et une surveillance scrupuleuse sur les moindres défauts.

Dès que la voix aura acquis une certaine flexibilité, on pourra, sans inconvéniens, se livrer à l'examen de quelques morceaux d'étude, dont on aura d'avance exercé séparement les endroits difficiles.

Quant aux solfèges, il sera nécessaire de consacrer chaque jour deux séances d'une demi heure à leur exécution, concernant la lecture (abstraction faite du chant), et l'intonation, en suivant les moyens mentionnés aux paragraphes 4, 7 et 8.

Lorsque ces ouvrages auront été pratiqués convenablement, sous ce double rapport, il conviendra d'en discontinuer l'usage, et de s'exercer à déchiffrer des romances, ou autres morceaux faciles et d'une étendue très bornée pour la voix, en les vocalisant, avant d'ajouter les paroles au chant.

Afin que l'on sache à quoi s'en tenir sur les résultats de notre enseignement, nous croyons devoir prévenir, qu'avec une intelligence ordinaire, il suffira de travailler chaque partie régulièrement une heure par jour, pendant trois mois, pour posséder notre méthode de manière à pouvoir en faire l'application aux ouvrages mentionnés dans notre plan d'études; et l'on peut regarder comme certain que les plus grandes difficultés auront été vaincues, dès que ces connaissances élémentaires seront acquises. *Elles ont pour but de mettre les élèves immédiatement en état de chanter à première vue, sans le secours d'aucun instrument, et de leur faciliter la pratique des divers traités dont nous recommandons l'usage.* [2]

Nous ne saurions donc trop engager les personnes studieuses à suivre exactement, et sans aucune interruption, la marche que nous avons tracée, persuadé à l'avance qu'elles seront amplement dédommagées de leur zèle, et des soins assidus qu'elles auront apportés à leurs études.

De nouvelles observations seraient inutiles. Celui qui est né pour un art, y est porté par un sentiment irrésistible. C'est à cette source sacrée qu'il puise et ses conseils, et ses forces. Il observe, il médite, et revient sans cesse à ses goûts dominants.

rationnel de s'adresser d'abord à l'entendement, plutôt que de prétendre l'instruire aux dépens de l'organe qui devrait, au contraire, lui servir d'interprète; car, c'est ainsi que la plupart des personnes qui pratiquent les solfèges, ou autres œuvres de pur agrément, fatiguées par des exercices qui s'adressent beaucoup plus à la mémoire qu'à l'intelligence, parceque rien ne peut y être analisé, ni demontré méthodiquement, sont souvent forcées de renoncer au chant, avant même que la routine les ait conduit à quelque résultat.

(1) Ces explications sont d'une application rigoureuse à l'étude des instrumens.

(2) Ces dernières observations ne sont point applicables aux personnes dont la voix manque de justesse. Quelquefois ce défaut ne cède qu'à un travail très méthodique, et soutenu avec opiniatrété pendant plusieurs années.

TABLATURE DE LA GUITARE.

Nom des cordes.	1er doigt.	2e	3e	4e	1er	2e	3e	4e	1er	2e	3e	4e
1re chanterelle ou **MI** aigu...	fa	♯ ou ♭	sol	♯ ou ♭	la	♯ ou ♭	si	ut	♯ ou ♭	ré	♯ ou ♭	mi
2e ou **SI**......	ut	♯ ou ♭	ré	♯ ou ♭	mi	fa	♯ ou ♭	sol	♯ ou ♭	la	♯ ou ♭	si
3e ou **SOL**....	♯ ou ♭	la	♯ ou ♭	si	ut	♯ ou ♭	ré	♯ ou ♭	mi	fa	♯ ou ♭	sol
4e ou **RÉ**.....	♯ ou ♭	mi	fa	♯ ou ♭	sol	♯ ou ♭	la	♯ ou ♭	si	ut	♯ ou ♭	ré
5e ou **LA**.....	♯ ou ♭	si	ut	♯ ou ♭	ré	♯ ou ♭	mi	fa	♯ ou ♭	sol	♯ ou ♭	la
6e ou **MI** grave.	fa	♯ ou ♭	sol	♯ ou ♭	la	♯ ou ♭	si	ut	♯ ou ♭	ré	♯ ou ♭	mi
	1re Case.	2e C.	3e C.	4e C.	5e C.	6e C.	7e C.	8e C.	9e C.	10e C.	11e C.	12e C.

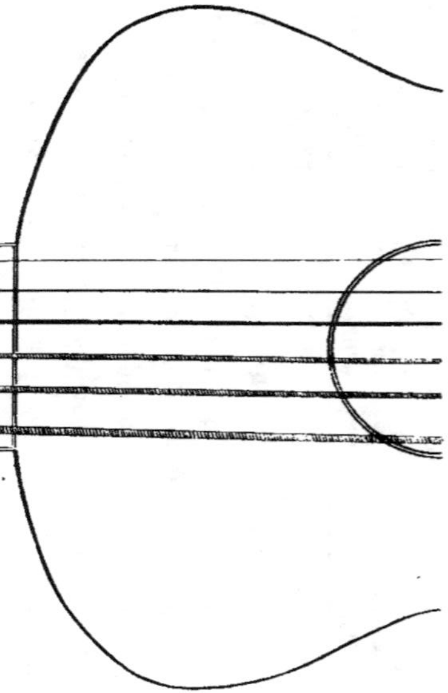

ACCORD DE LA GUITARE.

MOYEN DE VÉRIFICATION (2)

REPRODUCTION DU MANCHE DE LA GUITARE.
6e Corde, ou MI grave.

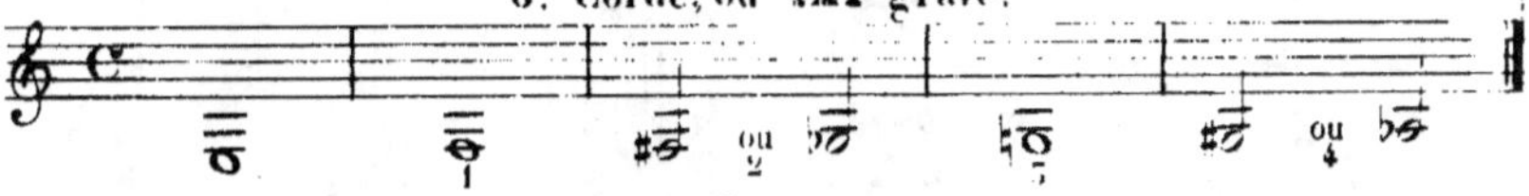

5e Corde, ou LA.

4e Corde, ou RÉ.

3e Corde, ou SOL.

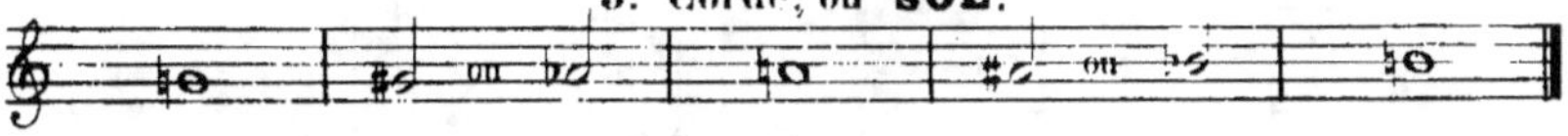

2e Corde, ou SI.

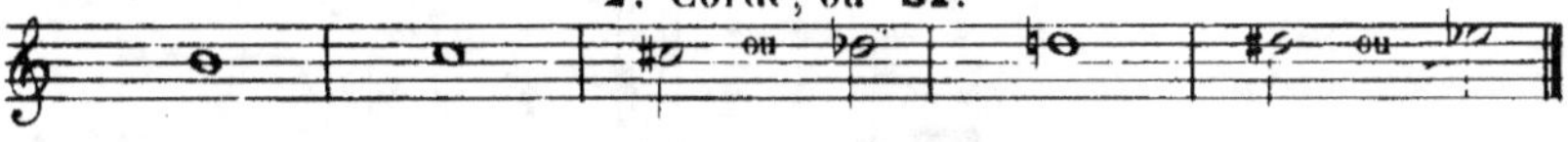

1re Corde, MI aigu, ou Chanterelle.

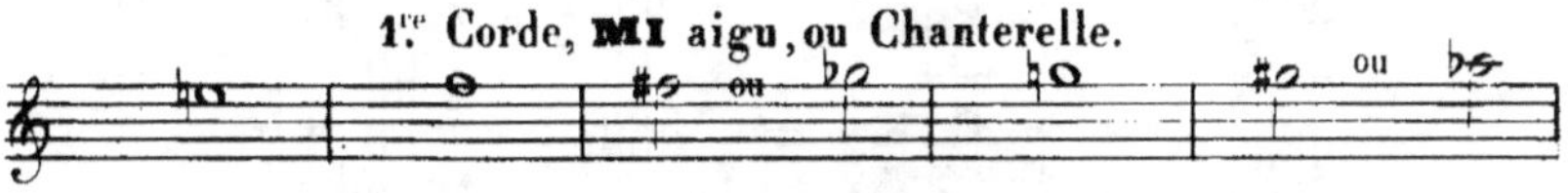

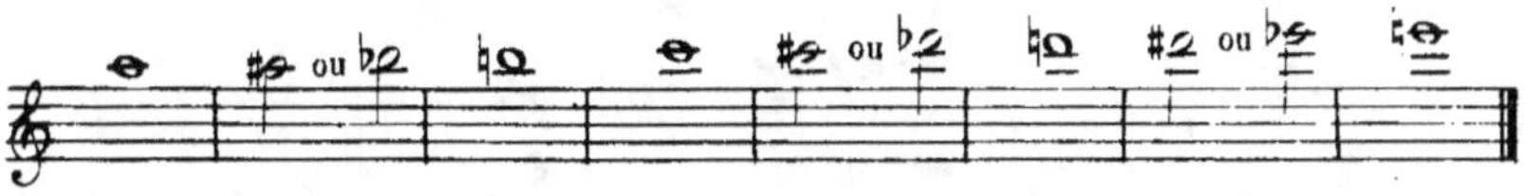

N. On pince les trois premières cordes avec l'index et le médium, alternativement; et l'on se sert du pouce pour les trois dernières.

---

(1) La guitare sera toujours accordée de manière à ce que la voix puisse atteindre très facilement au Mi.

(2) Cette vérification se obtiendra par l'emploi des notes noires, dont les cordes ne seront jamais dérangées.

Touches blanches.

Touches noires.

TABLEAU DU CLAVIER À SIX OCTAVES ET DEMIE.

NOTIONS PRATIQUES
sur
L'ACCORD DU PIANO.

Le Piano est un des instrumens dont le mécanisme ne permet pas toute la justesse possible dans le rapport des sons, puisque la même touche est destinée à reproduire l'un et l'autre des deux demi tons diatonique et chromatique. Ce n'est qu'en neutralisant la différence qui existe entre eux, c'est à dire en altérant légèrement l'exactitude de certains sons, que l'on parvient à tromper l'oreille, en lui faisant croire à une justesse engendrée par la discordance même. Tel est l'effet de l'accord par *tempérament*, c'est à dire par altération ou modification. Cet accord consiste donc à disposer les sons dans les proportions exactes d'une justesse apparente ou approximative. Cette disposition est indiquée de plusieurs manières: c'est ce qu'on appelle *partition*. (2)

Celle que nous présentons exige dans la pratique, l'observation des conditions suivantes: 1°, L'unisson exact; 2°, les quintes ascendantes, faibles, 3°, les quintes descendantes, fortes; 4°, et les octaves, justes. Elle se divise en deux parties distinctes: dans la première, toutes les quintes sont ascendantes; tan dis que dans la seconde, elle sont toutes descendantes.

Les notes noires servent à comparer les sons. Après qu'elles ont été entendues, on passe immédiatement aux accords correspondants. Ils doivent être considérés comme autant de preuves constatant l'exactitude des sons accordés; et sur lesquels il faudra revenir, à moins qu'ils ne présentent un résultat satisfaisant, c'est à dire, des tierces un peu fortes, et des quintes un peu faibles.

Pour obtenir un accord durable, il faut que les cordes n'ayent pas été dérangées plus que d'un quart de ton. Lors qu'il y aura une trop grande différence entre les sons graves et les sons aigus, leur concordance ne pourra être opérée qu'en renouvelant plusieurs fois l'accord: autrement, il serait impossible de fixer les cordes dans un degré de tension convenable, surtout, si elles avaient été maintenues pendant un certain temps dans tout autre état. Leur élasticité tendrait toujours à les faire revenir à leur position primitive.

Il faut ensuite arriver à l'exactitude de l'unisson, avant que la corde ait cessé d'être mise en vibration. Toute tentative ultérieure, et toute autre manière de procéder seraient nuisibles à la durée de l'accord. Ce n'est donc que dans les endroits où il n'y a pas d'accordeur habile, et surtout très expéditif, et lorsqu'il y a réellement urgence, que nous conseillons l'emploi de ces moyens, qui exigent, même avec le secours d'une organisation convenable, une grande dex-

---

(2) Dans ce cas, le mot partition signifie division ou partage.

térité, et une certaine pratique, sans lesquelles il serait à craindre de détériorer un instrument précieux.

Les personnes qui n'ont pas d'accordeur à leur disposition, feront très bien de s'exercer sur la manière de faire la boucle qui sert à attacher la corde. Cette boucle ne sera que de la largeur convenable à la pointe destinée à la recevoir. Les deux parties de la corde seront entrelacées régulierement, et consolidées par une terminaison qui ne sera point amenée trop brusquement. Lorsque celle-ci aura été montée au ton, il conviendra de la presser légèrement avec le coin que l'on place entre les autres cordes, pour intercepter leur vibration.

Il sera toujours prudent de choisir un piano à trois cordes: il conservera l'accord plus longtemps que ceux qui ne sont qu'à deux cordes, où d'ailleurs l'absence de l'une entraine bientôt la perte de l'autre, devenue insuffisante pour supporter la pression du marteau.

PARTITION.

1.re Partie.

2.de Partie.

Cette partition étant terminée, les autres notes seront accordées, successivement, par octaves. **Exemple:**

Lorsque les notes de la partition ont conservé l'accord, il suffit ordinairement de retoucher les cordes de la partie supérieure, en partant du sol: Dans le cas contraire, il faut nécessairement recommencer tout l'accord.

FIN.

TABLE DES MATIÈRES.

F I N.

9 782329 323138